igen

Meine Lieblingsplätze

❖

Lauterbach
Der kleine Hafen von Putbus ist Ausgangspunkt für Fahrten nach der Insel Vilm. Dort war ich nie, will aber unbedingt hin!
S. 58

❖

Königsstuhl
Nicht wirklich ein origineller Tipp, aber ein absolutes Muss. Die Buchenwälder auf den Kreidefelsen sind ein wunderbares Wanderrevier
S. 90

❖

Hiddensee
Einer dieser seltenen, packenden, unvergesslichen Seelen-Orte, die man sein Leben lang nicht vergessen kann
S. 40

Liebe Leserin, lieber Leser,

wenn Sie Ferien am liebsten immer in einem anderen Land machen, fahren Sie besser nie nach Rügen. Das Problem mit Rügen ist nämlich, dass Sie immer wieder hierher zurückkommen wollen. Deutschlands größte Insel hat etwas Magisches, was auch schon die Romantiker um Caspar David Friedrich (siehe Seite 52) gespürt haben müssen. Es ist eine eigenartige Mischung aus Fernweh und dem Gefühl, endlich angekommen zu sein. Wenn Sie den Rügendamm überquert haben und von der Hauptstraße nach Bergen abzweigen, durch die grünen Tunnel der Alleen kutschieren und dann plötzlich das weite Blau der Ostsee vor Ihnen auftaucht, dann sind Sie schon rettungslos verloren.

In den nächsten Tagen dann die Qual der Wahl: Lieber durch die Wälder der Granitz spazieren (S. 84) oder an der Jasmunder Kreideküste (S. 90) entlang? Die Villen in Binz anschauen oder doch lieber die in Sellin (S. 30)? Steht morgen Putbus (S. 58) auf dem Plan oder ein Ausflug zum Schinkelturm am Kap Arkona (S. 86)? Gehen wir zum Baden an den kilometerlangen Strand der Schaabe oder in eine kleine Boddenbucht auf Mönchgut (S. 74)?

Und dann, wenn man glaubt, nun wirklich alles gesehen zu haben, dann kommt garantiert einer daher und fragt, ob man man eigentlich schon auf Hiddensee war. Nein? Da müssen Sie unbedingt hin! Und spätestens, allerspätestens dort ist man verliebt und verloren für den Rest der Welt.

Herzlich, Ihr

Andreas Hallaschka
MERIAN-Chefredakteur

Für MERIAN unterwegs

FRITZ-JOCHEN KOPKA Der gebürtige Mecklenburger kennt Rügen seit Jahrzehnten. Hiddensee hat es ihm besonders angetan. Seite 40

JUDKA STRITTMATTER war schon als Kind auf Rügen in den Ferien. Für MERIAN schrieb sie über die Bäderarchitektur. Seite 30

GERALD HÄNEL, Fotograf aus Hamburg, fotografierte u.a. die alteingesessene Familie von Platen auf ihrem Gut Reischvitz. Seite 52

INHALT

Rügen Hiddensee und Stralsund

10 **SKIZZEN | Damals und Heute** Sanddorn, Steinsammler, Svantevit, Strandhaus, Hausmarken, Ernst Moritz Arndt

14 **FOTO-REISE | Ein Traum von einer Insel**
Romantische Landschaften voller Weite, die Sehnsüchte wecken

28 **ESSAY | Eine Jugend am Ende der Welt**
Aufgewachsen auf Rügen zu DDR-Zeiten zwischen Fernweh und realem Sozialismus – Maik Brandenburg über seinen langen Weg zur Heimatliebe

> 30 **ARCHITEKTUR | Die wunderbare Welt der weißen Villen**
Balkone, Portale, verspielte Holzschnitzereien – in Orten wie Binz und Sellin feiert die Bäderarchitektur ein strahlendes Comeback

> 40 **HIDDENSEE | Jenseits von Rügen**
Nur die Ruhe: Ein Besuch bei der „schönen kleinen Schwester“

50 **HISTORIE | „Das ist das Gesuchte, das ist das Gesunde“**
Gerhart Hauptmann war Ende des 19. Jahrhunderts der erste Promi auf Hiddensee. Ihm folgte eine ganze Künstlerkolonie.

52 **DER ZWEITE BLICK | Friedrichs Freiheit**
Nach welchem Motiv malte Caspar David Friedrich sein berühmtes Gemälde „Kreidefelsen auf Rügen“? Eine Spurensuche

> 58 **PUTBUS | Eine Schönheit, aus der Zeit gefallen**
Vor rund 200 Jahren verwirklichte Fürst Malte seine Vision von einer „Weißen Stadt am Meer“. Leider lag und liegt die aber im Binnenland. Einem kurzen Boom folgte der Dornröschenschlaf

68 **CHRONIK | Rückkehr nach Reischvitz**
Der Familie von Platen gehörten einst ganze Dörfer auf Rügen. Von den Kommunisten vertrieben, sind die von Platen jetzt zurück. Die Feudalherren von einst packen jetzt selbst mit an

> 74 **REGIONEN | Die große Liebe der Mönche**
Mönchgut, Granitz, Wittow, Ummanz, Jasmund – Geschichten in und um Rügens schönste Naturlandschaften

96 **PRORA | Der Koloss regt sich**
Der einst als KdF-Bad von den Nazis erbaute 4,5 Kilometer lange Betonklotz stand nie unter einem guten Stern

> 100 **STRALSUND | Strahlende Perle am Sund**
Das „Tor zu Rügen“ fasziniert mit gut erhaltener Backsteingotik und einer lebendigen Altstadtszene

SEITE 52

WO STAND FRIEDRICH?

Millionen kennen Caspar David Friedrichs „Kreidefelsen auf Rügen“, doch des Meisters Perspektive ist nicht einfach zu finden

TOP TIPPS | Das sollten Sie nicht verpassen 111

SEHENSWERT | Kirchen, Schlösser, Museen, Landschaften, Nationalparks, Strände und schöne Dörfer 112

PRÄHISTORIE | Letzte Ruhe unter schweren Steinen 112

JAGDSCHLOSS GRANITZ | Logenplatz am Fürstenhof 114

INFO | Hansestadt Stralsund 120

ESSEN + TRINKEN | Die besten Restaurants 122

ÜBER NACHT | Hotels, Pensionen, Bungalows 124

SEITE 40

HERRLICHES HIDDENSEE

Hier ticken die Uhren anders: keine Autos, keine Hotelburgen, nur Meer, Strand und Weite

SEITE 74

LANDSCHAFTEN, SCHÖN WIE GEMALT

Klatschmohnfelder auf Wittow, Jasmunds weiße Küste, der grüne Wald der Granitz – MERIAN stellt Rügens attraktivste Regionen vor

SEITE 30

DIE PRACHT DER BÄDER

Die weißen Villen in den Seebädern Binz, Sellin und Sassnitz sind größtenteils restauriert und erstrahlen im alten Glanz

SEITE 100

STOLZES STRALSUND

Die Altstadt ist Weltkulturerbe, die Abwanderung gestoppt: In ehrwürdige Backsteinbauten zieht neues Leben ein

SEITE 68

RITTER GRANZAS STOLZE ERBEN

Seit 750 Jahren ist die Familie von Platen auf Rügen verwurzelt. Ihre Chronik ist auch ein Stück Insel-Historie

Merian | Reise-Service >> ab Seite 111

AKTIV | Baden, Radfahren, Segeln, Wandern ____ 126
TOUREN | Auf dem Königsweg und zum Kap Arkona ____ 130
MERIAN-KARTE ____ 131
GESCHICHTE I | Uns' Klaus – Störtebeker auf Rügen ____ 134
SERVICE | Infos, Tipps und Bücher ____ 135
GESCHICHTE II | Zeitgemäße Beleuchtung ____ 137
VORSCHAU ____ 138
IMPRESSUM, BILDNACHWEIS ____ 110

Testen Sie
Der Viano von Mercedes-Be
► Von wegen, nur Fliegen
schöner. Mit dem Viano starten
jetzt richtig durch. Sein kraftvoller
CDI-Motor* mit 150 kW (204 PS)
*Kraftstoffverbrauch innerorts/
S OL7237
www.mercedes-benz.de/viano

n Jumbo für die Straße.
tzt Probefahrt buchen unter 01805 018066 (0,14 €/Min.).
n zum starken Partner für die ganze
milie. Dabei sorgen die moderne Com-
on-Rail-Einspritzung und ein maxi-
ales Drehmoment von 440 Nm beim
Viano CDI 3.0 für maximalen Fahrspaß.
Checken Sie jetzt ein – zur Probefahrt
bei Ihrem Mercedes-Benz Partner.
So schön kann ein Van sein.
Mercedes-Benz
kombiniert: 11,9/7,5/9,2 l/100 km, CO2-Emissionen kombiniert: 244 g/km**.
** Die Angaben beziehen sich nicht auf ein einzelnes Fahrzeug und sind nicht Bestandteil des Angebots, sondern dienen allein Vergleichszwecken zwischen den verschiedenen Fahrzeugtypen. Weitere Informationen zum offiziellen Kraftstoffverbrauch und zu den offiziellen spezifischen CO2-Emissionen neuer Personenkraftwagen können dem „Leitfaden über den Kraftstoffverbrauch und die CO2-Emissionen neuer Personenkraftwagen" entnommen werden, der an allen Verkaufsstellen und bei der Deutschen Automobil Treuhand GmbH unentgeltlich erhältlich ist.

AUFERSTANDEN AUS RUINEN...

... oder für immer verloren. Rügen damals und heute

Etliche heruntergekommene Altbauten wurden auf der Insel seit Anfang der 1990er Jahre wieder herausgeputzt oder sogar komplett neu aufgebaut. Die originalgetreuen Restaurierungen waren meist aufwändig und teuer – dafür erstrahlt Rügen heute vielerorts im schönsten Glanz der Bäderarchitektur. Dass nicht alle Narben aus der DDR-Zeit verheilt sind, zeigt sich in Putbus: Das dort in den 1960er Jahren gesprengte Schloss wird wohl nie wieder aufgebaut.

Seit 1998 steht die 393 m lange Selliner Seebrücke als neues, altes Wahrzeichen am Strand des Ostseebades. Viele Details sind anhand von alten Plänen und Postkarten rekonstruiert worden. In dem T-förmigen Brückengebäude befinden sich Restaurants und Geschäfte

Strahlend weißer Blickfang

Um die Jahrhundertwende als Pension errichtet, wurde die Villa an der Binzer Strandpromenade nach dem Zweiten Weltkrieg zum Mietshaus und verfiel in den nächsten 50 Jahren. Seit der 1998 abgeschlossenen Restaurierung logieren hier nun wieder Besucher in einem gediegenen Gästehaus. Das filigrane Schnitzwerk der Ziergiebel und Balkone wurde kunstfertig restauriert.

Es war einmal ein Schloss...

An den weißen Prachtbau in Putbus erinnert heute nur noch eine Freitreppe am Teich im Schlosspark. Unter Fürst Wilhelm Malte zu Putbus wurde das Schloss von den Baumeistern Schinkel und Steinmeyer zwischen 1827 bis 1832 zur klassizistischen Residenz umgebaut. Ab Anfang der 1950er Jahre wurde das Gebäude als Lagerhalle genutzt und verwahrloste zusehends. Als „Symbol der Ausbeutergesellschaft " verdammt, sprengten NVA-Truppen zwischen 1960-64 den „weißen Palast von Putbus".

Treppe ins Nichts

1978 wurde die alte, 1906 eingeweihte Selliner Seebrücke gegen den heftigen Widerstand der Bevölkerung abgerissen. Die Treppe, die zuvor auf die Brücke führte, endete nun abrupt am Wasser. Die DDR-Behörden versprachen zwar den Wiederaufbau, hielten diese Zusage aber nicht ein. In den Jahrzehnten davor war die Seebrücke Wahrzeichen und kulturelles Zentrum des Ostseebades gewesen. Sie diente nicht nur als Anlegestelle der großen Bäderdampfer, die hier beladen mit sonnenhungrigen Gästen festmachten, sondern war auch Flaniermeile und in den 1950er Jahren Standort des legendären Tanzlokals „Seebrücke". Allabendlich bebten damals die Holzplanken unter Rock 'n' Roll, manch' flüchtige Strandbekanntschaft wurde hier vertieft, manch' Rügener Eheschließung bahnte sich hier bei Elvis-Klängen an.

SONNE, MEER, BADENIXEN

Die Werbung aus den 1930er Jahren zog: Vor allem die Schickeria urlaubte seinerzeit in Sellin. Zu DDR-Zeiten wandelte die Rüganer Jugend den Slogan um: „3 Worte genügen: weg von Rügen".

SANDDORN „Ostsee-Vitamine"

Schon sieben der erbsengroßen Beeren des auf Rügen heimischen Sanddorns decken den täglichen Vtamin-C-Bedarf, auch Entzündungen sollen die Wunderbeeren hemmen und selbst vor Herzinfarkt schützen. Zu Marmeladen, Säften, Tees, Hochprozentigem und sogar Gummibärchen verarbeitet, übersteigt die Nachfrage mittlerweile die Inselproduktion, so dass Sanddorn vom Festland importiert werden muss.

»O Eiland grüner Küsten!
O bunter Himmelschein!
Wie schlief an deinen Brüsten
Der Knabe selig ein!
Die Wiegenlieder sangen
Die Wellen aus der See,
Und Engelharfen klangen
Hernieder aus der Höh.«

Ernst Moritz Arndt (1769-1860)
Zeitlebens verspürte der Schriftsteller wehmütig „Heimweh nach Rügen". Zum Andenken an Rügens wohl berühmtesten Sohn errichtete man 1869-77 den Ernst-Moritz-Arndt-Aussichtsturm. Sein Geburtshaus in Groß Schoritz wurde gerade restauriert.

1952

1958

1990

1994

1997

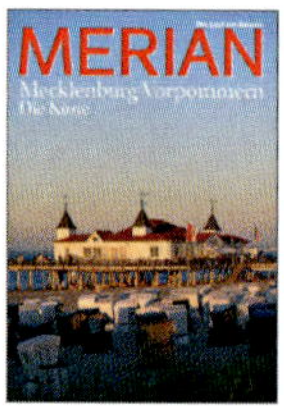

2003

Diese MERIAN-Ausgabe ist die erste, die sich ausschließlich Rügen widmet. Thema war die Insel aber bereits in sechs Heften über Mecklenburg und Vorpommern

ARCHITEKTUR
Ein UFO für die Retter

Der ehemalige Turm der Rettungsschwimmer ist ein Klassiker moderner Architektur. Entworfen wurde das 1968 errichtete „UFO" von dem Rügener Ingenieur und Architekten Ulrich Müther. Der orientierte sich dabei an der dünnen, aber belastbaren Schale einer Muschel. Schwebend über dem Strand, wird das Stielauge heute als Ausstellungsraum genutzt und bietet Paaren die Möglichkeit, sich in skurrilem Ambiente das Jawort zu geben.

SAMMLERSTÜCKE **Steinreich**

Hühnergötter, Donnerkeile und Katzengold: das sind klingende Namen für schön geformte Feuersteine, versteinerte Kopffüßler, steinerne Knollen. Sie alle sind an Rügens Stränden reichlich zu finden. Doch Vorsicht bei den goldschimmernden Kugeln des Katzengoldes, in der heimischen Sammlervitrine können sie sich in schweflig ätzende „Giftkugeln“ verwandeln. Ungefährlicher und ungleich kostbarer ist da schon Bernstein. Gute Chancen, das „Gold der Ostsee“ zu finden, hat man auf Hiddensee nach Weststürmen. Probe: Die versteinerten Harze schwimmen im Salzwasser oben (Glasimitate gehen unter), aber versinken in Leitungswasser (Kunstharz nicht).

HAUSMARKEN **MEINS!**

Runen schmücken noch heute viele Gebäude auf Rügen und Hiddensee. Diese Hausmarken dienten von alters her der Kennzeichnung von Eigentum und wurden auch zur Bekräftigung von Verträgen benutzt. Familien oder Einzelpersonen hatten ihre eigene Hausmarke, die auf die Folgegeneration vererbt wurde.

RELIGIÖSER KULT **Gott ist tot – oder doch nicht?**

Rügen wurde erst relativ spät christianisiert. 1168 siegten die Dänen über die seit dem 8. Jahrhundert auf der Insel ansässigen slawischen Ranen in der Schlacht um die Feste Arkona. Und damit auch über den vierköpfigen Svantevit, Gott des Krieges und der Fruchtbarkeit, bewaffnet mit einem Trinkhorn (die Abbildung links entstand frei nach der Beschreibung des dänischen Chronisten Saxo Grammaticus). Neben Svantevit kannten die Ranen Untergötter, den fünfköpfigen Porevit etwa oder Porenut: nur vierköpfig, aber mit einem fünften Gesicht auf der Brust. Wichtige Entscheidungen fällte die Priesterschaft mithilfe von Orakeln. Die Jaromarsburg bei Arkona war Hauptkultstätte der Ranen. Hier ragte ein kolossales hölzernes Standbild Svantevits empor, das 1168 von den Dänen zerhackt und verbrannt wurde, der „heidnische Kult“ war somit ausgemerzt. In der Wand einer der ersten christlichen Kirchen Rügens, in Altenkirchen, wurde ein altes Steinbildnis mit verbaut, es zeigt einen Ranenpriester oder gar Svantevit höchstselbst und ist heute noch zu bestaunen. Die Christen wollten mit dem liegend eingelassenen, also offensichtlich gestürzten Kultobjekt ihren Triumph über den alten Glauben veranschaulichen. Ungeklärt bleibt, ob die gewaltsam bekehrten Ranen dem gedemütigten Gott heimlich weiterhin ihre Verehrung erwiesen.

Foto: H. + D. Zielske

Ein TRAUM von einer Insel

Rügen ist spätestens seit Caspar David Friedrich ein Sehnsuchtsort der Romantiker. Voller Geheimnisse, Geschichten und unberührter Schönheit der Natur

Der lange Sandstrand bei Baabe an der Ostküste Rügens ist im Sommer ein beliebter Badeplatz. In der Vorsaison lädt er zum Spazierengehen ein, in einem Fischerboot hat jemand sein Surfbrett bereitgelegt – ungeduldige Vorfreude auf den Sommer

Foto: Marc-Oliver Schulz

Wo Tradition in voller BLÜTE steht

Mitten im – trotz des Namens – kleinen Dörfchen Groß Zicker auf Mönchgut steht das um 1720 aus Holz und Lehm erbaute Pfarrwitwenhaus. Heute beherbergt es ein kleines Museum, früher lebten hier die Pfarrerswitwen und ihre Kinder

Foto: Robert Denier

Ein ROTES MEER begrüßt den Sommer

Der Wilde Klatschmohn kündet, wie hier bei Jarnitz in der Nähe von Ralswiek, vom Beginn des Sommers auf Rügen. Anders als der Schlafmohn, enthält die leuchtend rot blühende Pflanze keine Opiate – hier reicht der Anblick, um ins Träumen zu kommen

Foto: Friedrichsmeier / Mendzrgall

Sonne, Stein und KREIDE – eine Küste, so gefährlich wie verführerisch

Für Seefahrer waren die steilen Kreideklippen im Nationalpark Jasmund von jeher Warnung, der Küste nicht zu nahe zu kommen. Künstler hingegen fühlen sich von ihnen magisch angezogen: Zahllose Skizzen, Gemälde, Fotografien und Gedichte sind von Rügens Felsen inspiriert

Altbekanntes, unberührt vom Rest der **WELT**

Tief verschneit strahlt die 393 Meter lange Selliner Seebrücke einen ganz besonderen Zauber aus. Im Sommer lebendiges Zentrum, ist sie im Winter einsamer Hüter des Strandes. Die stille Pracht ist allerdings nicht von Dauer: Nur fünf Minuten nachdem dieses Foto entstand, fegte ein eifriger Selliner den schönen Schnee von Treppe und Brücke

Foto: H. + D. Zielske

Foto: Marc-Oliver Schulz

Beschirmt und beschützt von dichtem GRÜN

Fast 300 Streckenkilometer sind auf der Insel beidseitig baumgesäumt. Die meisten dieser Alleen, hier ein Abschnitt zwischen Gingst und Samtens, wurden im 19. Jahrhundert angelegt – manchmal stammen auch die Verkehrsmittel aus jener Zeit

NATUR bleibt sich selbst überlassen – zu ihrem Glück

Die kleine Insel Vilm, südöstlich vor Rügen, war zu DDR-Zeiten hohen Funktionären vorbehalten. Heute ist sie Biosphärenreservat und Sitz einer Niederlassung der Internationalen Naturschutzakademie. Maximal 30 Gäste dürfen pro Tag – nach Anmeldung – zum geführten Rundgang auf die Insel

Foto: Jahreszeiten Verlag / Carsten Witte

Eine JUGEND am Ende der WELT

Fernweh, Langeweile, Kalaschnikows – und wie dann doch noch Liebe daraus wurde

Text: Maik Brandenburg

Ich wollte immer nur weg, und dass ich auf Rügen groß wurde, machte die Sache nicht leichter. Denn in Sassnitz war Endstation für den „Meridian", einen sozialistischen ICE. Dessen Verspätungen waren grandios, doch man konnte sich auf die sechs Stunden verlassen, die er hinterm Fahrplan war. Ich machte mein Abitur Anfang der Achtziger in Bergen, rechtzeitig zu Unterrichtsende war der Zug da. Jeden Tag brachte er mich nach Sassnitz, dort war die DDR zu Ende. Wir stiegen aus und gingen entlang der Waggons zum Ausgang. Der Lautsprecher rief: „Sassnitz Bahnhof. Reisende, die nicht im Besitz eines Ausreisevisums sind, bitte aussteigen!" Währenddessen wurden die Waggons abgekoppelt. Nur die Erste Klasse blieb dran, sie rollte weiter zum Hafen und auf die Fähre nach Schweden.

Jeden Tag gingen wir vorbei an den Wagen der Ersten Klasse. Die Besitzer eines Ausreisevisums hatten die Fenster geöffnet und starrten auf uns herab wie auf Verdammte. Wir gingen vorbei, meist ignorierten wir sie. Manchmal aber blickten wir auch mitleidig hoch. Denn sie waren ja verdammt, die Angehörigen einer zum Absterben verurteilten Gesellschaft. Das hatten wir gerade in „Staatsbürgerkunde" erfahren, und das bewies auch der „Lenin-Waggon" vor dem Bahnhof. Angeblich war Lenin in diesem aus der Emigration nach Russland zurückgekehrt, über Sassnitz, um dann die Revolution auszulösen. Der Wagen stand auf einem Abstellgleis, aber es machte mich nie stutzig.

Nachher allerdings saß ich zu Hause an meinem Fenster und blickte aufs Meer, wo die Fähren Richtung Schweden dampften. Einmal nur wollte ich sitzen bleiben, wenn uns die blecherne Stimme aus dem Zug warf; wollte weiterrollen bis zum Hafen, dann an der Reling stehen und vom Meer aus winken, während meine Mutter am Fenster stand, mit einem weißen Taschentuch ... Ich wollte immer nur weg.

Es war, wie gesagt, Anfang der achtziger Jahre. Jeder wusste, wie wichtig Devisen waren. Vor allem weil gemunkelt wurde, dass die DDR pleite ist und nur noch von Krediten aus dem Westen beatmet wird. Ich dachte daran, einen Brief an Erich Honecker zu schreiben. Meine Idee war, Rügen an die Schweden zurückgeben, für eine ordentliche Summe natürlich. „Leinen los und ab nach Schweden", sagte man auf der Insel, wenn mal wieder keine Bananen im Laden waren.

Rügen blieb an die DDR vertäut. Im Sommer zankten wir mit den Urlaubern um die Sandburgen und um das „Versorgungsangebot". Immerhin mussten wir uns als Einheimische nicht in die Schlange vorm Konsum einreihen. Man brauchte dafür nicht mal seinen Ausweis zu zeigen, es reichte der Dialekt – wer Sächsisch sprach, war automatisch hintendran. Im Winter hatten wir nicht mal diese Genugtuung, es war einfach nur langweilig. Ich sah aufs Meer und litt unter Fernweh. Das kriegt man wohl, wenn man zu lange auf den Horizont guckt. Irgendwann will man dahinter, koste es, was es wolle. Aber in Sassnitz war immer Endstation.

Komischerweise fühlte ich mich nie eingesperrt. Nicht mal, wenn wir an Sommerabenden am Strand eingenickt waren und beim Aufwachen in Kalaschnikows blickten – denn ab 22 Uhr war Sperrstunde am Meer. Auch nicht, als Polen verloren war und die Tagesfahrten mit den Tragflächenbooten nach Stettin eingestellt wurden. Vielleicht lag es an der Jugend, in der alle Räume weit sind. Vielleicht lag es auch am Inselcharakter, der unbegrenzte Weiten vorgaukelt. Und es gab ja immer einen Weg: Man konnte Fischer werden. Bei guter Führung bekam man sein „Seefahrtsbuch" und dann konnte man „absteigen" – „Er ist abgestiegen", so hieß es, wenn wieder mal jemand von einem Landgang in England oder Neufundland nicht zurückkehrte. Es war ein absurder

Trost, ein Plan, der schon daran gescheitert wäre, dass ich noch vor dem Molenkopf über Bord gesprungen wäre – für mich endet jede Seekrankheit tödlich.

Aber das war damals noch kein Thema. Ich wollte weg, und es ging nicht. Ich hasste meine Insel nicht dafür, ich strafte sie mit Nichtachtung. Ich kannte die Kreidefelsen, die Feuersteinfelder und ein paar Strände, das war schon alles. Ich wusste wenig von ihrer großartigen Geschichte, ihren Berühmtheiten, ihren Naturwundern. Ich las Bücher über die Südsee, über Amerikas Indianer und die großen Entdecker. „Weiter gehen als je ein Mensch gekommen ist", war Cooks Credo. Bis nach Ungarn, bis an den Rand meiner bekannten Welt, hatte ich es schon geschafft.

Bis nach Ummanz, auf dieses magische Inselchen im Westen Rügens kam ich nie. Es hat verschwiegenes Schilf und eine kleine Kirche mit einem erstaunlichen Altar. Ich interessierte mich nicht für die Riesenschachtelhalme bei Lohme, lebende Fossile, an denen schon die ersten Kriechtiere gekaut hatten. Mich ließen die Mönchguter Fischer, ihre Tänze und Pluderhosen kalt, und Plattdeutsch lernte ich auch nicht (Russisch war schwer genug). Der prächtige Blick bei Bobbin über den Bodden, die Rapsfelder, der von Malern und Dichtern angehimmelte Sonnenaufgang über Arkona, die Wälder der Stubnitz und der Granitz, die Zickerschen Berge – ich wunderte mich über die Begeisterung der Urlauber. Ich beneidete sie ums Westfernsehen, wegen der „PanAm"-Werbung.

Ich bin natürlich sofort weg, als die Mauer fiel. Inzwischen habe ich ein paar schöne Gegenden auf der Welt gesehen. Es darf so weiter gehen, wichtig ist nur eins: Am Ende muss ich stets wieder auf Rügen landen.

Denn ich weiß noch, wann ich Rügen entdeckte. Es war in einem Hotelzimmer irgendwo in Asien. Die Deutsche Welle berichtete über ein unerhörtes Ereignis: Millionen von kleinen Zugvögeln, die den Himmel verdunkelten. Mein Gott, dachte ich, wo ist dieser phantastische Ort, der so ein Schauspiel erlebt? Es passierte im Westen Rügens, ein alljährliches Herbstspektakel, so wie der Kranichzug. Ich hatte wieder mal keine Ahnung, doch zum ersten Mal schämte ich mich dafür.

Heimatgefühle: Rapsfeld bei Polchow am Großen Jasmunder Bodden

Es folgte mein persönlicher Nachhilfeunterricht in Heimatkunde. Ich kaufte Bücher über die Insel, über die Landschaften, die Historie. Ich hege seither einen merkwürdigen Argwohn gegen die Dänen, die einst Arkona niederbrannten. Hingegen verzeihe ich den Schweden, wenn sie in unsere Supermärkte einfallen, um mit Wagenladungen von billigem Schnaps wieder nach Hause zu fahren. Rügen wurde gut regiert unter den Schweden bis 1815.

Irgendwann zog ich wieder auf die Insel: Hier ist mein Haus, mein Auto, mein (Schlauch-)Boot. Längst lese ich die Lokalseite (noch vor der *Süddeutschen Zeitung* und den Rechnungen). Ich registriere wohlwollend Berichte, in denen behauptet wird, Rügen habe die meisten Sonnenstunden Deutschlands. Ich bin stolz, ein Rüganer zu sein. Kein Rügener – so heißen nur die Zugezogenen.

Manchmal werde ich gefragt, was mir die Wende brachte. Ich antworte, dass ich Sätze sagen kann wie diesen: „Neulich hatte ich ein Gespräch mit einem König in der Südsee."

Neulich also hatte ich ein Gespräch mit einem König in der Südsee. Es fand auf den Marshallinseln statt, die mal eine kaiserlich-deutsche Kolonie waren. Wir sprachen über den Kaiser, über Deutschland, über das Wetter, es war ein etwas gezwungenes Gespräch. Bis ich erwähnte, dass ich von einer Insel komme. Das ließ den König aufhorchen. Sein Südsee-Reich war eine einzige Inselwelt, er hatte mich als Experten erkannt.

Wir saßen unter Palmen, an einem weißen Strand mit wirklich blauem Meer, und ich redete über die Buchen Rügens im Herbst, über die Moore, die Alleen. Ich erklärte, was ein Bodden ist, eine Steilküste, Findlinge und Hünengräber. Ich beschrieb den Geschmack von Räucherhering und Butterfisch, es klang lustig, als der König die Worte nachsprach – „Rauchärherieng, Batterfiesch". Später schenkte er mir eine Muschelschnitzerei und fragte: „Wieso fährst du so oft weg, du musst längst glücklich sein? Du weißt schon, wo dein Grab stehen wird."

Na ja, erst mal werde ich auf Rügen leben. Das ist doch auch schon was. □

Maik Brandenburg, *Jahrgang 1962, Autor bei* Mare, *schrieb für dieses Heft auch über Caspar David Friedrich und die Familie von Platen.*

Foto: Dennis Williamson

Das „Kurhaus Binz", 1890 eröffnet, 1906 abgebrannt und wieder aufgebaut, war in der Zeit der DDR Ferienunterkunft für Bergleute. 1993 übernahm die Travel Charme Hotelkette das Filetstück an der Binzer Promenade

Die wunderbare Welt der weißen Villen

Pilaster, Türmchen und Balustraden: Das ist die Architektur der Großen Ferien an der See. Mondän, damals wie heute

Text: Judka Strittmatter

Das „Dünenhaus" in Binz, 1998 weitgehend in den Originalzustand versetzt, ist mit seinen verspielten Elementen ein Stück Belle Époque an der Baltischen See

Wie **schön** muss es **gewesen** sein. Wie gediegen. Vornehm. Man träumt sich in die Welt der Herrschaften von einst

„Ihre Majestät die Kaiserin geruhten im Kurhause den Thee einzunehmen", meldete die Binzer Presse 1890 stolz. Heute genießen die bürgerlichen Gäste zur Teestunde den Blick auf den Strand

Eine schattige Loggia, idyllisch und geborgen hinter Haselnuss-Sträuchern: Dieses Sommerrefugium steht seit 100 Jahren in der Wilhelmstraße im Seebad Sellin

Foto: Dennis Williamson

Foto: Susanne Katzenberg

Der Höhepunkt der Rügener Bäderarchitektur ist die Strandpromenade von Binz. Hier scheinen die Villen im Schweizerhausstil, der auch die Ostseeländer beeinflusste, um die Gunst der Blicke heftig zu konkurrieren

„Wir sind hier sehr schnell **wieder weiß** geworden.“ Das mögen die Gäste, die Rüganer aber zaudern noch

Eine Nixe mit dem Dreizack des Meeresgottes Neptun krönt die Dach-Balustrade der „Villa Sirene“ am Binzer Kurpark

Ein Foto mit Sepiastich im Auslagekasten der damals wie heute feudalen Villa Ruscha in Binz – und schon ist das Herz des Urlaubers mit Faible für die guten alten Zeiten erwärmt. Die Menschen sind so, mit Nostalgie kriegt man sie immer. Wie muss es schön gewesen sein. Wie gediegen. Vornehm. Man träumt sich in die Welt der Herrschaften von einst. Wie sie sich an kühlen Tagen auf den Veranden unters Wollplaid schmiegten, den Schiffen am Horizont nachsannen, sich zur Blauen Stunde Assamtee servieren ließen, an heißen Tagen gut geeist.

In den Bädern zwischen Sassnitz und Göhren ist's so, wie es immer war: Ein frischer Wind stiebt über die Dünen, bürstet die Kieferkronen am Meeresrand und durchpustet die Promenadengänger. Ferienfaule verlümmeln die Tage in Strandkörben und an Kaffeehaustischen, unterbrechen den Müßiggang nur durch einen beherzten Hopser in die Ostsee oder das Inspizieren von Geschäftsauslagen. Wie seit je taumeln Möwen groß wie Königspudel vor blauem Himmelstuch und mischen sich Sonnenöl- und Kaffeearomen in die salzig-frische Meeresluft, im Jahr 2007 leider auch Frittenmief.

Die Villenzeilen, einst weiß und kühn aufragend an der Küste wie eine Reihe krachgesunder Zähne, dann verlottert in der DDR – sie strahlen längst wieder. Gestrafft wurde die alte Steinhaut, getüncht und mit Stahl und Glas verbrämt. Das mögen die Gäste. Die Ureinwohner, Fischköppe, zaudern immer noch.

Christina Meier von der Kurverwaltung in Binz ist Rüganerin und will es so sagen: „Wir sind hier schnell wieder weiß geworden.“ Generell sei das in Ordnung, doch „zu glatt und leblos“ sei manches Haus jetzt – „aber Verfall gehört doch auch zum Leben.“

Waren die Bäder zu Zeiten von Honecker & Co. morsch und trist, so herrscht nun flächendeckend Meis-

Der Baustil – inspiriert von Leichtigkeit.
Ein Mix aus Klassizismus, Neobarock und Jugendstil

ter-Propper-Optik. Wehte vor 20 Jahren noch ein Hauch von Anarchie durch Rügens Dünen, weil es kaum Kneipen und Geschäfte gab, Jungvolk verbotenerweise am Strand pennte und Lagerfeuer schürte, so ist heute jeder wilde Zipfel Strand domestiziert, mit Ordnungshinweisen gespickt und durchgestylt für die Klientel der Gegenwart: die Jungen und Familien im Sommer, die Alten im Herbst.

„Der reine Nackenschlag auch mancher moderne Bau", sagt Frau Meier strafend und führt das „meerSinn" und das „Cerês" an. Steht man dann selbst vor diesen Neuzugängen an der Villenfront, kann man Frau Meier nicht ganz folgen: Sie fügen sich in ihrer schlichten und modernen Sprache oft besser in das Gesicht des Ortes als manche alte Villa, die – aufgemotzt mit Stahlbalkons und Billigstuck – rüberkommt wie eine Großmutter im Techno-Outfit.

Die Gäste halten solche baulichen Verkorksungen nicht zurück – Binz und die anderen Badeorte sind beliebt, allein in Binz fallen jährlich rund zwei Millionen Übernachtungen an. Die Ostseefans sind treu und kommen über Jahre. Die Sachsen schon immer, die Niedersachsen seit eineinhalb Jahrzehnten.

Die Eleganz vergangener Zeiten ist allerdings passé – zumindestens in Kleiderfragen. Aus feinen Gehröcken wurden Fleecewesten, aus edlen Hüten bunte Käppies, und der Gehstock ist zum Nordic-Walking-Stab geworden. Der Ostseeurlauber von heute liebt es praktisch, er steht auf Wellness und ist meist outdoor unterwegs. Fein macht er sich nur zum Tanzabend „Kesse Sohle" im Haus des Gastes in Binz oder zum Kaffeetrinken im „Hotel Rugard".

Wie alles anfing hier, erzählen Alt-Rügener bei Abendvorträgen in der Kurverwaltung. Nicht selten lauschen ihnen alte Damen, die leise seufzen, blitzen Fotos aus der Sommerfrische um 1930 auf. Der Sog der Küste hatte die Menschen jedoch schon Mitte des 19. Jahrhunderts erfasst und war das Ergebnis zunehmender Industrialisierung. Die Städte wuchsen, dampften, füllten sich, Adel und Bürgertum sehnten sich nach Ruhe, sauberer Luft und Kontemplation – und man konnte es sich leisten. Zunächst noch galt das Meer in Deutschlands Norden als unberechenbar, zu stürmisch und zum Baden ungeeignet. Selbst die Fischer mieden es, soweit es ihnen möglich war, hatten sie im Hinterland Rügens doch Binnenseen, auch voll mit Fisch. Dann sprach sich herum, Seebaden ginge doch, im englischen Brighton sei man längst dabei. Der Arzt Richard Russell hatte es Mitte des 18. Jahrhunderts dort en vogue gemacht.

Die Deutschen ziehen nach, Pionier-Seebad an ihrer Küste wird 1793 Heiligendamm, auf Rügen Jahre später Sassnitz. Weil dort nur eine blanke Mole in die Ostsee geht, wird Sand aus der Granitz herangebracht und aufgeschüttet. Die ersten Gäste kommen 1824 und wohnen bei den Fischern. 1869 entstehen erste Logierhäuser an der Uferpromenade, 1890 dann, so schreibt das „Handbuch für Reisen und Wandern im Pommernland" von 1932: „erschien die Deutsche Kaiserin, und damit war der Schritt zum Weltbade getan."

Kurz darauf Rügens Anschluss an die Eisenbahn, das heißt: anschwellende Gästeschar! Man reist mit Zugehfrau und Koch und wandert alsbald weiter von Sassnitz Richtung Süden – nach Binz, Baabe und Sellin. Dort locken breite, weiße Strände. Zunächst wird nur am Ufer herumgeplantscht, in Zinkwannen, gefüllt mit Ostseewasser. Später, mit wachsendem Mut dem Meere gegenüber, fahren Badekarren in die Wellen, und der Kutscher lässt Markisen herunter, hinter denen sich die Herrschaften ins offene Meer begeben – rundum bekleidet. Den Badekarren folgen Badeanstalten, erst noch getrennt nach den Geschlechtern; Familienbäder brechen später diese strikte Trennung auf.

Seit 1870 ist der Bauboom auf der Insel nicht zu stoppen. Fischer erwerben Land von Fürst Malte zu Putbus, Binz geht voran, direkt am Strand fädelt sich alsbald eine Kette großer Villen auf. Übrigens zumeist von einheimischen Baumeistern entworfen und von Rügener Handwerkern gebaut. Der Baustil ist inspiriert von Leichtigkeit: Laubsägezierrat, Putten, Zinnen. Architektonische Anleihen aus der Schweiz, aus Russland, selbst aus China. Zutaten aus dem Neobarock, der Neogotik, dem Klassizismus und Jugendstil. Erker, Simse, Balustraden. Meist in einheitlichem Weiß getüncht. Viele Villen bekommen Namen, oft nach den Gattinnen der Erbauer: Gudrun, Charlotte,

„Rüganer" Jungs auf dem Seesteg von Sassnitz. Sie sind auf der Insel geboren, die Zugereisten dagegen dürfen sich nur „Rügener" nennen

Nüchtern wie opulent präsentiert sich die Bauepoche des späten 19. Jahrhunderts in der Marktstraße von Sassnitz. Nicht jeder Villa stehen die ausladenden Proportionen

Margarete. Und obligatorisch seinerzeit und von den Gästen ausdrücklich gewünscht: Balkone, tief und schattig, aber mit Blick aufs Meer. Die Badeorte können dem ohne Mühe folgen – die Ostsee liegt nordwärts, also Schattenseite. Niemand der Herrschaften muss sich um seinen Teint Sorgen machen, der bleibt weiß wie die Villenfassaden ringsherum.

Diese so genannte Bäderarchitektur ist also kein eigener Baustil, sondern ein Mix aus vergangenen Elementen, ein Stilpluralismus, der als Bestandteil des Historismus des späten 19. Jahrhunderts von Kunsthistorikern eher gering geschätzt wird. Und seinerzeit den Unmut von Fachleuten hervorruft: „Die neue Architektur des Strandhotels (in Binz) entspricht in ihrem billigen Pomp mit zahllosen Türmchen schlechter Zeichnung, mit ihren ungefühlten Verhältnissen und grausam banalem Ornament dem Zustand unserer heutigen deutschen Kultur", schreibt Alfred Lichtwark, der Direktor der Hamburger Kunsthalle im Jahr 1905. Solch Unkenrufen zum Trotz etabliert sich in rund 50 Jahren dennoch eine Seebad-Oase, die denen in Italien und Frankreich in nichts nachsteht und den Geschmack der Urlauber trifft. Hätte man Binz sonst „Sorrent des Nordens" genannt?

Das Ausufern des Badespaßes durchkreuzt 1932 Preußens Innenministerium. Der „Zwickelerlass" schiebt der immer frivoler werdenden Badekluft einen Riegel vor – von jetzt an gibt es genaue Vorschriften, was Badehosen und -anzüge zu bedecken haben: quasi alles.

Ganz in Weiß: Ferienträume von einem Balkon mit Meerblick wie hier in Sassnitz beflügelten einst die Bäderarchitektur

Wie es nach Kriegsende mit den Badeorten weiterging, erzählt Dieter Reinhardt, Rentner und Ex-Bürgermeister von Binz, hin und wieder in einer Kaffeerunde im Hotel „Rugard". Ihm lauschen dann Studienräte aus Leipzig oder Privatiers aus Baden-Baden.

Die guten alten Zeiten – 1945 sind sie vorbei. Zuerst der Flüchtlingsstrom aus dem Osten, Tausende drängen in die Villen, Balkone und Loggien werden zugenagelt, um Raum zu gewinnen. Dann die Gründung der DDR. Walter Ulbricht ärgert sich, dass viele Villen in Privathand sind. Und Werbung in eigener Sache machen: „Bei uns kriegen Sie echten Bohnenkaffee!", steht auf Tafeln vor manchen Gästehäusern. „Am 10. Februar 1953", erzählt Herr Reinhardt, „klickten dann Handschellen."

Unter fadenscheinigen Gründen wird verhaftet, enteignet und vertrieben, die „Aktion Rose" macht die Villen zu sozialistischem Staatsbesitz, und ihre Eigentümer flüchten gen Westen. „Die besten Häuser gehen an die Regierung, die zweitbesten bekommt der FDGB, die drittbesten die Großbetriebe," berichtet Herr Reinhardt. Erholung der Werktätigen in Kapitalistenvillen – so ist der Plan.

Kein Wunder, dass nach dem Mauerfall die Erben der Verjagten alsbald auf der Matte stehen. Und es im Rückübertragungswahn nach der Wende auch Transaktionen gibt, die man nur als „Wildwest" bezeichnen kann. Von Herren mit Geldkoffern ist die Rede, die alten Mütterchen zu Leibe rückten. Auch von Vertreibung – wieder mal. Diesmal der Ossis. Weg aus den Wohnungen an der Promenade, an den Ortsrand oder rüber in die Platte. Von 49 Häusern an der Wasserfront in Binz sind drei in einheimischer Hand.

Den Urlauber ficht das nicht an, die Bäder sind wieder weiß, zwei Wochen Ferien in Binz – schöner geht's doch kaum. Im Kurhaus sitzen, Scampi naschen. Zum Jagdschloss Granitz wandern, über die Insel zuckeln mit der Rügenbahn „Rasender Roland“ und die Kinder in der „Märchenstunde“ parken. Die Damen von der Kurverwaltung kümmern sich. Am Nachmittag dann einfach nur die Promenade abschreiten. Und, angekommen vor der Villa Ruscha, von „guten, alte Zeiten“ träumen. □

Judka Strittmatter, *freie Autorin aus Berlin, spielte mit ihren Geschwistern in den Ferien auf Rügen immer „Welche Villa kauf' ich mir?“. Bislang hat sie noch keine, aber sie träumt weiter.*

MERIAN | TIPP Wege zu den Villen

Die schönsten Villen und Bauten der Bäderarchitektur wurden in Binz, Baabe, Sellin und Göhren errichtet (und restauriert!)

(F5) BINZ
Die Prachtstücke kann man bei einem Spaziergang auf der 3,2 Kilometer langen Strandpromenade bewundern, z.B. Villa Ruscha, Villa Baltik, das Kurhaus und das Hotel Imperial.
Ortsführungen:
Kurverwaltung Binz
Haus des Gastes
Heinrich-Heine-Straße 7
Tel. (03 83 93) 14 81 48,
kv-binz@t-online.de und
www.ostseebad-binz.de
Vorgeschlagen werden auch Spaziergänge, die so schöne Namen haben wie „Jägerwanderung durch die Granitz“, „Binzer Parkgeflüster“ und „Mondscheinwanderung. Im September, dem „Monat der Bäderarchitektur“, lädt das Haus des Gastes dienstags um 20 Uhr zu einem Vortrag über die schönen Bauten ein. Alt-Rügener, Zeugen von Niedergang und Restaurierung, berichten mit Witz und Wissen.

(F/G5) SELLIN
Die 1993 wieder errichtete Seebrücke mit Kaiserpavillon und Palmengarten sowie die Villen in der Wilhelmstraße, die 1896 auf Veranlassung des Fürsten zu Putbus gebaut wurde, sind Trumpf in Sellin.
Tipps und Termine:
Kurverwaltung Sellin
Warmbadstraße 4
Tel. (03 83 03) 16-0
www.ostseebad-sellin.de
oder www.ferienpark-seedorf.de

(G5) BAABE
Sowohl Durch Baabe, Binz und Sellin fährt der „Rasende Roland“, eine Fahrt mit dieser Kleinbahn ist unvergesslich.
Tipps und Termine:
Kurverwaltung Baabe
Fritz-Worm-Straße 1
Tel. 03 83 03-142-142
www.baabe.de

LITERATUR
„Bäderarchitektur“
Reno Stutz/
Thomas Grundner
Hinstorff-Verlag, 19,90 €
„Binz, Sellin, Göhren. Die Entstehung der bürgerlichen Seebäder auf der Insel Rügen“
Christiane Zschauer
Edition M, 11,60 €
„Rügen – Mein Schicksal, meine Liebe“
Amanda Wesch,
Hinstorff-Verlag, Edition Konrad Reich, 14,80 €

Foto: Frieder Blickle

Sie ist die schöne kleine Schwester: „Dat söte Länneken" **Hiddensee** ist autofrei, eigensinnig und aufregend unaufgeregt. Wer es besucht, geht anders, als er gekommen ist • Text: Fritz-Jochen Kopka

Jenseits von Rügen

Nordwestlich von Rügen liegt, 16,8 Kilometer lang und zwischen 300 und 3000 Meter schmal, Hiddensee. Berühmt wegen des Schwungs seiner grünen Hügel und seiner unveränderten Urwüchsigkeit

Das „Leuchtfeuer Dornbusch", erbaut 1887/88, wies einst nur den Fischern den Weg. Heute zieht der Turm Inselbesucher und Fotografen nahezu magisch an

Foto: Ottmar Heinze

Es ist dieser
Weg,
dieser B·l·i·c·k...

... die G·e·w·i·s·s·h·e·i·t, dass sich nichts ändert ...

Der unnachahmliche, sanfte Schwung der Hügel am Dornbusch, dazu der Duft von Brombeeren, Ginster, Holunder, Sanddorn und Meer – das ist der Stoff, aus dem Hiddensee-Träume sind

Foto: Johann Scheibner

Der Himmel über Hiddensee – sogar in der Kirche von Kloster ist er blau und hängt dazu noch voller Blüten und Engel.
Kleine Lädchen wie die Eisdiele am Hafen von Vitte (oben) bestimmen anstelle von großen Ketten die Einkaufs-Atmosphäre auf der Insel

Der Hafen von Neuendorf ist noch ein echter Fähren- und Fischerhafen, auch wenn in den letzten Jahren immer mehr Sportboote hier festmachen

Mein letzter Hiddenseebesuch fand mitten im milden Winter statt. Ich stellte das Auto auf den Parkplatz von Schaprode, der immer noch eine unebene Wiese und immer noch keine glatte Betonfläche ist, und wartete, noch nicht angekommen, aber schon dreimal abkassiert, auf den Dampfer. An Bord der „Gellen" vertiefte ich mich in den Anblick der kreuzenden Möwen über der bleigrauen Wasserfläche, aus der Nähe ziemlich plumpe Vögel, die es sicher auch nicht leicht haben im Leben.

Im Hafen von Kloster endet die Überfahrt nach anderthalb Stunden, die einem aber viel länger vorkommen. Es ist die halbe Ewigkeit zwischen Entrückung und Erwerbsstreben, Zivilisation und Natur. Einmal habe ich geträumt, dass ich gewahr wurde, wie die Insel sich vom Meeresgrund losriss und langsam durch die Meere schwebte, keiner wusste, wohin, keiner, wie das enden soll, niemand regte sich auf. Wie sich am Morgen herausstellte, war an der Sache nichts dran. Man wusste nicht, ob man aufatmen sollte. Der Traum stand wohl für die Ambivalenz eines auf immer losgelösten Lebens. Er war kurz, und er kam nicht wieder.

Im Hafen stehen Karren, mit denen der Hotelgast sein Gepäck transportiert. Hiddensee ist privatautofrei, Leuchtreklame verboten, Campen ebenso. Ich beziehe mein geblümtes Quartier im Hotel „Hitthim", das Ideal eines Einzelzimmers, Konzentration aufs Wesentliche, Bett, Schreibtischchen, Nachttischchen, Kofferfernseherchen, Einbauschrank und Dusche. Korbmöbeldesign. Man kann getrost davon ausgehen, dass der Gast sein Zimmer nur zum Schlafen nutzt, ansonsten amüsiert er sich gefälligst in der freien Natur.

Vor 25 Jahren war ich zum letzten Mal auf der Insel. Die Sensation beim Wiedersehen ist, dass sich nichts Wesentliches geändert hat. Neu sind die robusten Kinderspielplätze aus blankem Holz. Neu die Jugendlichen an Outdoorschachspielen und die Straßen und Hafenanlagen, aber das war's dann auch. Hiddensee ist keine mondäne Insel geworden. In Kloster irritiert wie vor 25 Jahren die hinfällige Scheune, das Dach eingerissen. Auf der Hauptstraße würzt eine Ladung mit frischem Stallmist die Seeluft nach. Hinter einigen Häusern entfaltet sich eine differenzierte Schuppen- und Aufbewahrungsstapelkultur.

Wie konnte es geschehen, dass nichts geschehen ist? In der Zeit der großen Veränderungen? Die ratlose Einheimische in der Vitter Kurverwaltung hebt die Hände und leitet mich zu Herrn Langemeyer weiter. Dem fällt eine blonde Haarsträhne in die breite Stirn, während er Anrufe abarbeitet. Es ist Freitagmittag, was wollen die heute alle von mir, wundert sich Lan-

... und der schroffe C·h·a·r·m·e der Insulaner, ...

gemeyer. Vor zwölf Jahren lebte er noch in München und empfand Gelüste für die Küste. So kam der Westfale als Kurdirektor nach Hiddensee. Ich erzähle ihm von dem FDGB-Ferienheim, in das ich mich 1974 einschlich, um Deutschland gegen Polen zu sehen, die legendäre Regenschlacht um den Einzug ins Finale der Fußball-WM. Das stolze Haus sieht heute so aus, als könnte es jeden Moment umfallen. Und der Hiddenseer erweckt den Eindruck, als hätte er vor nichts auf der Welt so viel Angst wie davor, Lakai der Touristen zu sein. Also: Warum sind hier keine noblen Ferienanlagen entstanden? Wo ist die Luxuswelt? Das Exklusive?

Der Kurdirektor lächelt nachsichtig: Es gab eine Beschlussfassung, dass alles so bleibt, wie es ist. Hiddensee wurde dem Nationalpark Vorpommersche Boddenlandschaft zugeordnet. Bebauungen sind nur in der Ortslage möglich, Landschaft bleibt Landschaft. Entscheidend ist die Trinkwasserfrage. Das Hiddenseer Trinkwasser entstammt einer Wasserblase im Hochland. Wenn zuviel entnommen wird, drückt von unten Salzwasser nach und verdirbt den Geschmack.

Das führte zu einem Baustopp, der 1995 aufgehoben wurde, ab 2001 aber wieder galt. Der Bauboom zwischendurch war unvermeidlich, es entstand eine Ferienhausanlage bei günstigen Abschreibungen, Chance für Schnellreiche, Zweitwohnungen zu kaufen. Bemerkenswert, dass es vor allem Leute aus Leipzig waren, die ihr Geld arbeiten ließen, weniger aus Rheinland-Pfalz. Nun bestimmt wieder das Sein das Bewusstsein. Am Tag dürfen nicht mehr als 850 Kubikmeter Trinkwasser entnommen werden; das Limit der Urlauberbetten liegt bei 3500 und ist nicht erweiterbar. Unter dieser Prämisse wollen Alteigentümer, Erbengemeinschaften und alte DDR-Betriebe desolate Immobilien abstoßen, treiben Interessenten aber mit exorbitanten Preisen zum Wahnsinn oder in die Flucht. Das ist die menschliche Gier, sagt Alfred Langemeyer, scheint jedoch zuversichtlich zu sein, dass sich das Problem mit der auf Hiddensee üblichen Gelassenheit demnächst regeln wird. Demnächst wird man auch das Thema Künstlerinsel Hiddensee wieder beleben, da hat sich die Kurverwaltung auf altem Lorbeer ausgeruht, sie wird Raumangebote machen, und Künstler werden kommen. Der Hiddenseer selbst wird sich allerdings nicht um Titel wie „Nettestes Seebad Deutschlands“ bemühen. Der Insulaner ist charakterlich stabil. Ab November ist er nach der anstrengenden Saison erschöpft, dann packt ihn das Winterphlegma, es gilt, Weihnachten und den Jahreswechsel zu überstehen, im März ist er bereit, einen Farbtopf zu ergreifen, um alsbald unruhig zu werden, wenn sich nicht gleich die ersten Urlauber einstellen. Hofläden, Biobauern, Keramiker wie auf Rügen kommen nicht vor. So dynamisch sind sie hier nicht. Einen Hiddenseer, der töpfert, sagt Alfred Langemeyer, das möchte ich sehen.

Für Langemeyer ist Hiddensee die Antithese zu Sylt. Nach Sylt geht man, um gesehen zu werden. Auf Hiddensee will man seine Ruhe haben. Wer noch halbwegs prominent ist, hüllt sich in seinen Anorak und wird nicht erkannt. Langemeyers Lieblingsjahreszeit ist Winter, anbrechende Tage auf dem Hochland oder in der Heide, wiederholbare Momente, die gleichwohl unwiederbringlich scheinen.

Die Heide beginnt nicht weit hinter Vitte. Da stehen einsame Häuser in der Landschaft und Schilder mit der Aufschrift „Keine Vermietung“. Dabei ist Hiddensee immer weniger eine Insel der Fischer und Künstler und immer mehr eine Insel der Vermieter. Und ein Vermieter muss eine Vermietermentalität entwickeln, finden die langjährigen Inselärzte, Heidi und Michael Kallius. Das ist weniger banal, als es zunächst scheint. Der Hiddenseer brauchte diese Mentalität früher nicht, man rannte ihm die Bude ein und war mit jedem Unterschlupf zufrieden, wenn man nur auf der Insel sein konnte. Die Gäste von heute sind anspruchsvoller. Das macht den Hiddenseer nicht nervös, aber etwas mehr Vermietermentalität hat er sich dennoch zueigen gemacht.

„Hier wirst du auf die Dauer nur Fischer oder Bauer“ – das war einmal, Fischer sind heute Exoten

1962, als Michael Kallius sich für die Arztstelle auf Hiddensee bewarb, wusste er, dass er mit seinen 28 Jahren eine Entscheidung fürs ganze Leben trifft. Sein Vorgänger war seit 1934 im Amt gewesen. Auf Hiddensee ist alles von Dauer. Dr. Kallius hat damit gelebt, in allen medizinischen Fragen aussagefähig sein zu müssen. Ein Spezialist ist eben nicht in der Nähe. Der Hiddenseer, sagt er in einem, wie ich finde, erstaunlichen Satz, ist darauf bedacht, nicht unbedingt gesund zu leben, aber doch gesund zu sein.

Der mittlerweile zur Ruhe gesetzte Arzt ist als Kommunalpolitiker umso mehr im Unruhestand, er hat sein Bild von der Insel und verteidigt es auf unerschrockene Weise, dabei auch an

... die H·i·d·d·e·n·s·e·e zur Antithese von Sylt machen

Wie in der – angeblich – guten alten Zeit: Bei Vitte wendet ein Bauernjunge mit dem Pferdegespann das Heu auf der Wiese. Autos und landwirtschaftliche Maschinen gibt es kaum auf Hiddensee

Freunde der Insel denkend, die beschwörend sagen: Lasst alles so, wie es ist. Das ist für Kallius und andere Gemeindevertreter ein wichtiger Fingerzeig: Wir sind ein ganz restriktiver Haufen und haben den Investoren jede Menge Absagen erteilen können. Auf die oberen Zehntausend können wir verzichten. Jetzt sind wieder die Leute da, die Hiddensee von früher kennen und schätzen.

Als Inselarzt verfügte Kallius über eines der wenigen Autos auf der Insel. Das war nach Ende der Dienstzeit abzugeben. Eine schwere Umstellung. Unsere Zeit ist von Mobilität geprägt. So lange private Autos auf Hiddensee verboten sind, behält die Insel ihr anderes Gesicht. Deshalb verzichtet der Hiddenseer aber noch nicht auf sein Kfz. Es steht auf dem Parkplatz in Schaprode und wird einmal im Monat bewegt.

Leben im Rhythmus der Natur. Die Heide im Sommer ein Rausch in gedeckten Farben. Besenheide, Kriechweide und Krähenbeere wachsen auf den Dünen, Wacholder, Ginsterbüsche und Vogelbeerbäume. Sandkuhlen, in denen sich der Urlauber separieren und der Musik des Meeres zuhören kann. Ein Birkenwäldchen, ein Teich, Schilf wuchert in seiner Mitte und spiegelt sich von allen Seiten. In Neuendorf taucht der orangene Inselbus hinter mir auf, ächzend, wankend, kein schöner Lebensabend für so ein Fahrzeug. Die einzige befestigte Straße windet sich durch das Fischerdorf, weiße Häuser stehen wie ausgestreut auf der grünen Wiese, die sich in der Mitte als freie Fläche darbietet, in den Senken staut sich Regenwasser, Brandgänse stochern im Gras, um unerwartet in geschlossener Formation davonzuflattern.

Hinter dem Dorf beginnt der Gellen, die langgestreckte Südspitze der Insel. Schwemmland, das Jahr für Jahr bis zu fünf Meter wächst. Der Weg versinkt im Morast, der Wald ist von Sturm und Meer verwüstet, Bäume mit unterspültem Wurzelwerk, undurchdringliches Gestrüpp, eine Orgie wuchernden, zersplitterten, verbogenen Holzes. Eine aufregende Geschichte, und eine ganz anders aufregende, als der Dornbusch im Norden der Insel sie erzählt. Der Gellen ist die flache, moorige, labyrinthische Geschichte, der Dornbusch auf der anderen Seite die bergige, offene, durch den Leuchtturm auf dem Bakenberg gekrönte. Unnachahmlich der sanfte Schwung der grünen Hügel Hiddensees. Arnold Gustavs, jener Inselpastor, der 1951 das vertraulichste Buch über Hiddensee geschrieben hat, gönnte sich ihren Anblick nur wenige Male im Jahr, um ihn immer noch „mit frischen Sinnen" genießen zu können.

Auf dem Weg zum Leuchtturm werde ich, während ich noch die Empfindlichkeit des Magerrasens bewundere, von einer dieser herben Joggerinnen überholt. Es sind nur hundert steile Stufen einer Wendeltreppe, die im Inneren des Leuchtturms auf die Plattform führen, aber ich habe das Gefühl, hier oben alles zu sehen, was es nur irgend zu sehen gibt, die Landzungen des Bessin zu meiner Linken, die Dörfer, die Boddengewässer, Rügen, Stralsund und in weiter, weiter Ferne vielleicht auch die Kreidefelsen von Møn. Der Wind zerrt an meinen Kleidern, ich muss mich festhalten, keine Hand frei für den Fotoapparat. Es ist dieser Weg, dieser Blick und das vom Sturm vermittelte heikle Hochgefühl, die dafür sorgen, dass du anders von der Insel heruntergehst, als du hinaufgegangen bist.

Mit dem Abschmelzen des Eises entstand die Ostsee, erzählt ein Schild beim Abstieg ans raue Gestade. Der Dornbusch wurde zur Insel, die nun den Wellen des Meeres ausgesetzt war. Jedes Jahr wird die Küste um durchschnittlich 30 Zentimeter zurückgeschnitten. Die bis zu 72 Meter hohe Moränenscholle des Dornbuschs dürfte vor 5000 Jahren noch doppelt so groß wie heute gewesen sein. Die Brandung greift besonders bei erhöhtem Wasserstand den Klifffuß an und trägt das Gestein ab. Das Lagern vor steilen Wänden, das Betreten von Brandungshöhlen und das Klettern an der Steilküste verbieten sich von selbst. Das gibt einem die Gewissheit, elementare Naturvorgänge mitzuerleben. Wo hat man das sonst?

Es gibt irrationale Momente auf Hiddensee. Bei Düsternis und Sturm radle ich zum Enddorn nach Grieben. Es herrscht eine Atmosphäre wie in Goethes Erlkönig. Ich ahne dunkel, dass ich auf dem Holzweg bin, kann aber nichts tun, bis ich am „Inselblick" auftauche, im Westen statt im Norden, ich muss durch ein Loch in der Landschaft gefallen sein, finde endlich den Plattenweg nach Grieben.

Im Enddorn erwartet mich die – laut Eigenwerbung – „Gemütlichkeit einer traditionsreichen Fischerkneipe". Am Tresen hat sich um den stämmigen Wirt, der wie alle Sachsen am Meer gern Matrosenhemden trägt, bei Kümmelschnaps und Bier eine redselige Gesellschaft versammelt. Die Frauen verraten, welche Speisen ihre Männer verschmähen, die Männer versuchen sich zu rechtfertigen, die Frauen kichern. Logisch erklären lässt es sich nicht, was Frauen an Männern so komisch finden. Am Ende gibt es einen gutmütigen Streit, weil keiner die letzten Kümmel trinken kann und jeder die Rechnung übernehmen will. Jeder halt jedem vor, wie viel der schon für ihn getan hat, und alle sind gerührt. Eines langen Tages Reise in die Nacht.

Auf dem Rückweg weht mich der Nordwest die Hauptstraße entlang, an der Kirche von Kloster mit ihrem blauen Rosenhimmel, der Traditionsgaststätte „Wieseneck" und dem Gerhart-Hauptmann-Haus vorbei, durch den Durchgang im Deich ans Meer. Den weißen Sandstrand schützt ein Wall scharfkantiger Felsbrocken. Im Norden erhebt sich düster das Hochufer. Kalter Wind, dramatischer Himmel. Selbst die Möwen bibbern. Freiheit zeichnet sich dadurch aus, dass sie nie gemütlich ist. □

Blickfang: Die „Blaue Scheune" in Vitte war in den 1920er Jahren Galerie und Künstlertreff

Fritz-Jochen Kopka *schrieb in diesem Heft auch über Jasmund, Mönchgut Ummanz, Granitz und Wittow. Der gebürtige Mecklenburger lebt als freier Autor in Berlin.*

MERIAN | INFO

Hiddensee hat in der Draufsicht die Form eines Seepferdchens. Der nördlichste Ort ist das Dörfchen Grieben, die einzige Siedlung, die nicht direkt am Wasser liegt. Kulturelles und kirchliches Zentrum der Insel ist der Ort Kloster, eine Viertelstunde zu Fuß weiter südlich schließt sich Vitte an, mit 500 Einwohnern größter Ort und das wirtschaftliche und politische Zentrum, im Süden liegt Neuendorf. Hinter Neuendorf streckt sich der Gellen ins Meer, ein geschütztes Feuchtgebiet mit seltenen Vogel- und Pflanzenarten. Der Norden wird durch den Dornbusch geprägt, das breit gezogene, bis zu 70 Meter hohe Hügelgebiet mit einer Steilküste, an der Wind, Wetter und Meer nagen. Das ist Hiddensee, 16,8 km lang, in der Breite zwischen 300 und 3000 Meter schwankend.

»Das ist das Gesuchte, das ist das Gesunde!«

Gerhart Hauptmann war der erste, aber er sollte nicht lange der einzige prominente Künstler bleiben, der reif für die Insel war. Von Einstein über Mann bis Ringelnatz – Hiddensee war hip

Text: Fritz-Jochen Kopka

Wenn man Menschen sucht, die keine Affinität zur Insel Hiddensee empfinden, stößt man auf Autofahrer und Albrecht von Wallenstein. Die Autofahrer, weil sie auf Hiddensee nicht Auto fahren dürfen, logisch. Der große Feldherr wiederum belagerte die von Schweden und Dänen unterstützte Stadt Stralsund, vermochte aber nicht, sie einzunehmen. Zusätzlich verärgerte ihn, dass sich die Dänen auf Hiddensee reichlich mit Holz versorgten. Auf dem Dornbusch und zwischen Vitte und Neuendorf standen damals dichte Wälder. Ohne Erbarmen mit ihnen und der Insel fackelte der Generalissimus den Baumbestand ab und hinterließ verbrannte Erde. Noch 1858 bestand der Norden aus nackten Bergen und hohen Sanddünen. Mythische Baumriesen sind auf Hiddensee nicht auffindbar.

Als mit Heiligendamm (1795), Putbus (1818) und Sassnitz (1824) die ersten Seebäder entstanden, war Hiddensee noch außerhalb der Welt, die Anreise für Besucher, besonders Frauen, abenteuerlich, man musste mit „Hol äwer" die Fähre heranrufen, was Stunden dauern konnte. Manchmal trug der Fährmann die Gäste durchs seichte Wasser an Bord oder an Land, weil es keine Anlegebrücken gab. Auch wenn ab Juli 1892 der Salon- und Postdampfer „Caprivi" Kloster in seine reguläre Route aufnahm, blieb die Zahl der Hiddensee-Urlauber übersichtlich. 1905 entstand eine Landungsbrücke für Motorboote im Süden bei Neuendorf/Plogshagen, wenige Zeit später konnten Stralsunder Dampfschiffe Vitte anlaufen. Aber die Insel bot weiterhin weder Kurhäuser noch Tennisplätze, weder Strandpromenaden noch Badeanstalten.

Hiddensee-Geschichte ist immer auch ein Exempel der Unveränderlichkeit.

Im 1910 eröffneten Hotel „Hitthim" hängen Fotos berühmter Hiddensee-Gäste, aufgereiht wie eine Galerie der Hochbegabten. Landschaftsmaler wie Walter Leistikow, Elisabeth Büchsel, Otto Mueller und Erich Heckel, Ufa-Riesen wie Paul Wegener, Emil Jannings, Conrad Veidt. Genies wie Albert Einstein und Sigmund Freud. Die feierliche Stimmung, in die der Betrachter schnell gerät, wird bloß getrübt durch die Information, dass nach einer enttäuschenden Begegnung 1913 in Kloster die Liebe zwischen Else Lasker-Schüler und dem bitterbösen Gottfried Benn in eine schwere Krise geriet.

Der mit seinem Holzhandel reich gewordene Oskar Kruse verhob sich mit der Lietzenburg auf dem Hochland bei Kloster, aus welcher der begeisterte Kunstmaler eine Künstlerkolonie machen wollte. Das großzügig angedachte Projekt brachte Kruse finanziell an den Rand des Abgrunds. Immerhin bildete die Lietzenburg für Künstler und Gelehrte jahrelang einen Anziehungspunkt. Oskar Kruses Schwägerin, die Puppenmutter Käthe (von der viele von uns noch eine Puppe auf dem Boden liegen haben), nannte Hiddensee den Inbegriff des Schönen.

Der exemplarische Hiddensee-Promi ist allerdings Gerhart Hauptmann. Der erschien 1885 mit seinem Bruder Carl, dessen Frau und einem Freund zum ersten Mal auf der Insel. Sie stiegen in Schliekers Gasthof in Kloster ab. Hauptmann war 23 und wusste noch nicht, ob er Maler oder Dichter werden sollte. Zum zweiten Mal tauchte er 1896 mit seiner Geliebten Margarete Marschalk auf, mittlerweile ebenso gefeierter wie umstrittener Schriftsteller und in schweren inneren Kämpfen befindlich. Das Paar wohnte in Vitte, in Franz Freeses Gasthof zur Ostsee. „Meer und Wiese und Wind", notierte Hauptmann, „Wind und Sturm und ewig brandende, rauschende, donnernde Flut!... Das ist das Gesuchte, das ist das Gesunde!"

Als er 1916 wiederkam, sah er Strandkörbe am Meer und wollte, aus Abscheu vor dem aufkommenden Tourismus, sofort wieder abreisen. 1924, er hatte es sich längst anders überlegt, lockte er Thomas Mann und seine Familie nach Hiddensee. „Unsere Nachbarschaft in Hiddensee war etwas ärgerlich", schrieb Katia Mann, „weil Hauptmann doch der König von Hiddensee war... Wir wohnten im Haus am Meer, ›seinem Haus‹, hatten aber mit den übrigen Gästen im Speisesaal zu essen und bekamen sehr mäßiges Essen, wohingegen Hauptmann köstliche Speisen auf die Zimmer hinaufgetragen wurden." O je, auf wessen Seite schlägt man sich da? Wahrscheinlich hielt Hauptmann den fast 50-jährigen Mann noch für einen Nachwuchsautor.

1930 kaufte Hauptmann das Haus „Seedorn" von der Gemeinde Kloster und erweiterte es um ein prächtiges Dichterzimmer. Wenn so der Zweitwohnsitz eines Literaturnobelpreisträgers aussieht, ist man auch geneigt, Nobelpreisträger zu werden. Das Haus ist heute Hauptmann-Gedenkstätte und offeriert während der Saison ein erstklassiges Kulturprogramm. Das war seinerzeit nicht anders, wenn auch eher informell. Hauptmann und Frau Margarete luden Dichter und weitere Persönlichkeiten ein. Den reichlich genossenen Wein hat Hauptmann, heißt es, gut vertragen, wenn er im Gespräch auch bisweilen den Faden verlor. Der legendäre Weinkeller ruft immer noch, besonders bei Gästen aus dem Rheinland, Bewunderung hervor. Wie dem auch sei, wenn Hauptmann vom grandiosen

Ernst der Natur, von ihrer Mystik spricht, die sich auch in sein Werk überträgt, trifft er etwas Wesentliches. So sehr er Landschaft und Natur genoss, so wenig interessierten ihn übrigens die Einheimischen, denen es nicht schwer fiel, das Desinteresse zu erwidern.

Die Stars der Zeit genossen das Idyll. „… ich schaffte mir ein Landhaus an", schrieb Schauspielerin Asta Nielsen in den zwanziger Jahren, „in dem ich – oft vier Monate lang – herrliche Ferien genoss… Nirgends war man so jung, so froh und so frei wie auf dieser schönen Insel." Das Haus am Ortsrand von Vitte nannte sie wegen seiner seltsam kreiselnden Anmutung „Karusel" (dänisch geschrieben). Joachim Ringelnatz war häufig ihr Gast, und unter dem Leib von Heinrich George brach bei einer erregten Debatte einer ihrer Stühle zusammen.

Der sanfte Charme, der raue Reiz sind für die Liebhaber der Insel Konstanten in einer immer schneller werdenden Zeit. Der Dichter Erich Arendt fand das Eiland nach zwanzigjähriger Abwesenheit so einzigartig wieder wie je und lobte die schöpferische Stimmung, in die es ihn versetzte. Sein unten stehendes Gedicht von 1954 ist eine der schönsten Liebeserklärungen an Hiddensee. □

» Gehoben vom leisen Licht
in des Himmels größeren Ozean:
schwebende Insel,
unter der Traumtrift
der Wolken
Zärtlichste, nur
von Bläuen gesäumt und Winden.
Wo Meer dich berührt,
rinnt hörbar die Stunde noch
unserer Dauer:
Lausche «. Erich Arendt über Hiddensee, 1954

Asta Nielsen besaß auf Hiddensee die Villa »Karusel«. Der »Stern des Stummfilms« bekam oft Besuch von prominenten Verehrern: Heinrich George versuchte sein Glück im Gespräch (1), Joachim Ringelnatz ging etwas forscher zur Sache (4). Thomas Mann kam mit Familie (2) auf Einladung Hauptmanns (3), wurde hier aber nicht richtig locker. »Eine Insel verträgt keine zwei Könige«, soll er gesagt haben

LIESS SICH DAS **GENIE DER ROMANTIK** HIER...

Das Meisterwerk wird auf 1818/1819 datiert. Kunsthistoriker sehen es unter anderem als Sinnbild ewiger Liebe. Ebenso spannend wie die Deutung seiner Symbolik, ist die Fahndung nach der dargestellten Örtlichkeit

2005 VERSCHWANDEN DIE KLINKEN FÜR IMMER

Am 24. Februar 2005 rauschten an dieser Stelle erosionsbedingt rund 50 000 Kubikmeter Kreide ins Meer und die Wissower Klinken veränderten ihr Gesicht

Sturm peitscht die Kliffs, Fischer kämpfen sich an den rettenden Strand. Plötzlich erstarren sie. „Da hängt ein Mann in der Wand", ruft jemand fassungslos. Schon lassen sie den Blick wieder sinken, die eigene Haut zu retten. Als sie erneut zu den Felsen sehen, ist der Unglücksselige verschwunden. Abgestürzt, murmelt einer. Die Fischer schlagen das Kreuz.

Der Mann aber lebt. Oben, an der Kante des Kliffs, ist er auf die Knie gefallen, als danke er Gott für seine Rettung. Er greift in die Tasche. „Gott sei Dank", murmelt er. Tatsächlich – sein Zeichenblock ist trocken geblieben.

Und schon skizziert Caspar David Friedrich. Bringt zu Papier, was er wieder einmal erleben durfte, was ihn immer neu vor Ergriffenheit in die Knie zwingt: das Erlebnis Natur, das Wüten mächtiger Gewalten. Todessehnsucht, sagt man ihm nach, Depressionen, ein melancholisches Gemüt. Nichts mag weniger stimmen, nicht in diesen Tagen, wo Flügel der Liebe ihn über jeden Abgrund tragen. Der Stift tanzt übers Papier, Friedrich lächelt. Todessehnsucht, welch ein Unsinn.

Am 21. Januar 1818, um sechs Uhr morgens, heiratete der 44-jährige Caspar David Friedrich die fast 20 Jahre jüngere Caroline Bommer. Im folgenden August ist er auf der Hochzeitsreise, die ihn – einmal mehr – nach Rügen führt. Wenig später ist ein ungeheures Bild in der Welt, eines, vor dem die Nachgeborenen bis heute staunend stehen (zuletzt 325 000 Besucher in der Caspar-David-Friedrich-Ausstellung 2006/2007 in Hamburg). Sein Name: „Kreidefelsen auf Rügen".

Unzählige Wanderer folgen alljährlich Friedrichs Spuren. Es ist der Weg, der von Sassnitz am Hochufer entlang zum „Königsstuhl" führt. Spätestens an den „Wissower Klinken" zücken die meisten die Kameras. Hier ist er, „Friedrichs Felsen". So eindeutig schien die Vorlage, dass das Gemälde bisweilen als „Wissower Klinken" in Magazinen auftaucht. Ein Missverständnis.

Die Klinken, die vor zwei Jahren erosionsbedingt enthauptet wurden, haben sich zu Unrecht in kunstgeschichtlicher Bedeutung gespreizt. Denn *den* „Kreidefelsen auf Rügen" sucht man vergeblich. Und selbst wenn Friedrich tatsächlich nach den Wissower Klinken skizziert haben sollte, so ist doch unsicher, ob er damals die typischen – nun abgebrochenen – Klinken-Zacken überhaupt gesehen haben kann. Manch Experte vertritt die Meinung, dass die Zacken erst nach Friedrichs Aufenthalt entstanden sind. Erosion ist nämlich von jeher sowohl Geburtshelfer als auch Totengräber der steilen Kreideküste. Und während die Natur immer in Bewegung bleibt, mag es tröstlich sein, dass die Kunst eben manchmal doch unvergänglich ist.

Sechsmal zwischen 1801 und 1826 weilte der Meister auf der Insel. Er malte Hünengräber, den Blick auf Arkona bei Mondschein, er schuf ein weiteres Meisterwerk, die „Frau am Meer". Und, immer wieder, skizzierte er die steile Küste der Halbinsel Jasmund. Die Studien geben jedes Detail wieder, eine bemerkenswerte Genauigkeit, als fotografiere er mit seinem Bleistift. Noch heute erkennt man in den Zeichnungen von 1815 die grandiosen Ansichten der Kleinen Stubbenkammer, einem Felsen kurz vor dem Königsstuhl. Seine Formen mögen am ehesten das Vorbild sein für die Zacken des späteren Gemäldes. Allerdings stehen sie nicht zwischen solch steil aufragenden Wänden. Dennoch ist das Werk kein Produkt reiner Phantasie, das verbietet sich der Romantiker: **„Ein Bild muss nicht erfunden, es muss empfunden sein", so Friedrich. Wie die meisten seiner Bilder ist „Kreidefelsen auf Rügen" ein Sublimat seiner Gefühle.**

Sein ganzes Talent hat er dafür eingesetzt. Um Tiefe zu erzeugen, verdoppelte Friedrich den Abstand zwischen Felsenspitzen und dem Horizont

DER ZWEITE BLICK AUF DIE KREIDEFELSEN VON RÜGEN

Millionen kennen **Caspar David Friedrichs** Gemälde, Unzählige versuchten, des Malers Perspektive zu finden. Vergeblich, denn nur ein Motiv für das Werk des Meisters gibt es nicht

FRIEDRICHS

Foto: H. & D. Zielske

EINE SCHÖNHEIT, AUS DER ZEIT GEFALLEN

Vor knapp 200 Jahren hatte Fürst Wilhelm Malte zu Putbus die Idee, ein Provinznest zu einem klassizistischen Seebad auszubauen. Das lag und liegt aber leider nicht an der See. Nach einem kurzen Boom fiel Putbus wieder in seinen Dornröschenschlaf Text: Thomas Gebhardt

Foto: Dennis Williamson

Das Fürst-Malte-Denkmal im Park wurde von Friedrich Drake erschaffen. Die Statue ist aus Carrarischem Marmor und zeigt den Putbus-Herrn in preußischer Uniform

ITALIEN UND ENGLAND INSPIRIERTEN DEN FÜRSTEN

Das Theater (oben links) ist mit einer Auslastung von rund 70 Prozent einer der wenigen belebten historischen Orte im heutigen Putbus. Blick auf die Orangerie (oben rechts) im Schlosspark. In dem Gebäude ist eine recht kleine Ausstellung zur Historie des Ortes zu sehen. Das Badehaus Goor (rechts), eingeweiht 1818, zu DDR-Zeiten Arbeiter-Erholungsheim, wird demnächst als Wellnesshotel wiedereröffnet

Foto: Karsten Bartel

Nur in heißen Sommern tauchen sie auf: Wenn sich wochenlang keine Wolke zeigt und die Sonne auf den Rasen brennt, schälen sich zwischen Fürst-Malte-Denkmal und Schwanenteich gelbbraune Linien aus dem grünen Grund. Überdeutlich und geheimnisvoll zugleich zeichnet sich die Spur aus der Vergangenheit ab – nicht auszulöschen und doch verloren. Nur eine dörrende Wunde auf kurzem Rasen erinnert an das Schloss, das in den 1960er Jahren gesprengt wurde.

Hans-Joachim Meinke aber weiß noch genau, wie er als Steppke an der Hand des Großvaters dorthin stiefelte: zum Märchenschloss seiner Kindheit. Vielflügelig, mehrgeschossig und blendend weiß, mit hohen Säulen vor dem Mittelbau, mit Fenstern, von denen er die See sah. Opa Gustav war Tischler im Ort und von der Fürstenfamilie mit Ausbesserungsarbeiten betraut. Klein-Hänschen durfte manchmal mit; später wurde er Agrarökonom, Heimatforscher und nach der Wende Parkverwalter.

Heute ist der 70-Jährige das Gedächtnis von Putbus und streicht sich bedächtig über den kurzen Bart, während er andere Zeitzeugen besucht. Die beiden Spanischen Tannen

EIN TRAUM WURDE WAHR – UND VERGING

Weiße Häuser zwischen grünen Wiesen und Feldern und in der Ferne das Wasser – rund um das am Reißbrett entstandene Putbus herrscht ländliches Idyll

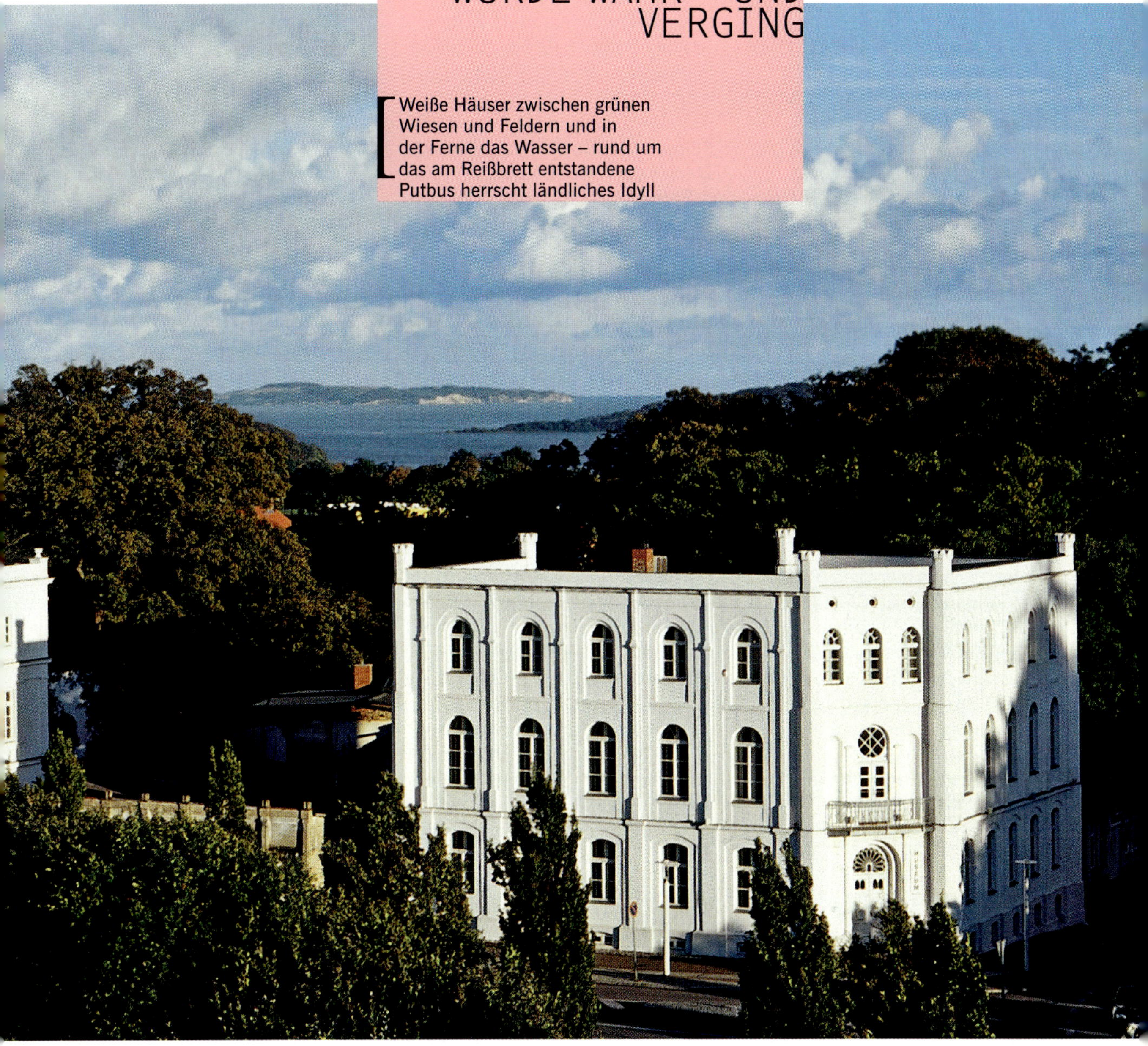

zum Beispiel. Zärtlich berührt Meinke deren schwarzgraue Schuppenrinde und viel nacktes Holz. Früher standen die Bäume im Innenhof des Schlosses, durch den Nordflügel geschützt vor kalten Ostwinden. Bei der Sprengung „der Wiege von Putbus", wie Meinke den Palast seiner Kindertage nennt, wurde die Rinde stark beschädigt. Oder die beiden Stieleichen, die im Schlosspark ohne Schloss über allem thronen. In den siebziger Jahren hat Meinke sie untersuchen lassen, die beiden 1000-jährigen Eichen von Putbus, um in puncto Alter endlich Klarheit zu haben. Dabei kam heraus, dass die beiden Riesen „gerade mal 530 Jahre alt" waren. Danach mochte manch Putbusser gar nicht mehr mit ihm reden.

Beinahe täglich ist Meinke im Park unterwegs. Er bietet dendrologische Führungen an, um die Rente aufzubessern. Jetzt, am äußeren Rand der Saison, schlappt er von Baum zu Baum, hebt Früchte auf, biegt Zweige beiseite, streichelt Rinden und kommt ins Schwärmen: von Solitären und Baumgruppen, von Allium ursinum, dem Bärlauch, der das Gelände beiderseits der Kastanien-Allee im Mai in ein weißes Blütenmeer taucht und alles mit seinem an Knoblauch erinnernden Duft überschüttet. Von Sichtachsen ist die Rede, nach der Wende wieder hergestellt, und Baum-Exoten wie der Kaukasischen Flügelnuss, dem Riesenmammutbaum oder der Schuppenborkigen Hickory. Mehr als 30 Bäume aus den unterschiedlichsten Regionen der Erde gedeihen hier prächtig; bis zu 40 Jahre mussten manche floralen Kostbarkeiten in der Orangerie an den kühlen Norden gewöhnt werden.

Der Park ist schön, sehr sogar. Kein Sanssouci, Wörlitz oder Muskau, aber einer der wenigen Landschaftsparks in Europa, die in direkter Beziehung zum Meer stehen. 75 Hektar groß, mehr als 100 Fußballfelder, darin Orangerie, Marstall und Affenhaus, Mausoleum, Schlosskirche und Wildgehege.

Caspar David Friedrich und Adolph Menzel skizzierten hier nach der Natur, Alexander von Humboldt bewunderte die exotischen Bäume, Otto von Bismarck verfasste die Gründungspräambel des Norddeutschen Bundes und Gerhart Hauptmann schrieb einen Putbus-Roman, in dem er den Blick vom Rosengarten zum Bodden lobte. Große Namen. Heile Welt. Es war einmal. Selbst Meinke, der sich das Schloss immer noch vergegenwärtigt, „als repräsentative Mitte, auf die sich Blickachsen und Wege beziehen“, hat sich an die neue Kontur des Schlossparks längst gewöhnt. Sein Park, eine Seelenlandschaft, trotz allem vital, und mit einem Gran Unsterblichkeit.

Danach suchen hier viele. Nach Putbus kommt niemand zufällig. Nach Putbus kommt man vor allem zum Schauen, einst als Badegast, Dandy und Flaneur, dieser Tage als kunstsinniger Tourist, um klassizistisches Altmauerwerk zu bepilgern, möglichst runderneuertes.

Drei Dinge erfährt der Besucher schnell: Dass Putbus nicht natürlich gewachsen ist, sondern aus dem Boden schoss, also eine Geschichte wie Las Vegas oder Brasilia hat, nur etwas überschaubarer blieb, dass am Anfang dieser *urbs condita* Gründungsvater Fürst Wilhelm Malte steht, und dass die Stadt sich gern mit illustren Beinamen schmückt, als misstraue sie sich selbst. Als „Weiße Stadt“ oder „Kulturhauptstadt Rügens“ wird sie in Prospekten gerühmt, vollmundig „Rügens heimliche Hauptstadt“ genannt, als spielte sich das Leben der Insel nicht an ihren Rändern, in den Seebädern ab.

„Sollten einige Handwerker, Tagelöhner und andere, denen es nicht an Verdienst mangeln werde, Genüge haben, sich hierselbst niederzulassen, Haus- und Gartenplätze werden ihnen zum Anbauen unter annehmlichen Bedingungen angewiesen.“ Diesen Aufruf annoncierte der frisch in den Fürstenstand erhobene Wilhelm Malte zu Putbus (1783-1854) am 3. November 1808 in der *Stralsundischen Zeitung*. Zu diesem Zeitpunkt bestand Putbus lediglich aus einem Schloss, dessen über 400-jähriger Geschichte und der Familie zu Putbus, deren Ahnenreihe bis Anno 1193 auf Stammvater Stoislav I. zurückreicht. Dann begann der Bauboom.

Putbus entstand binnen vier Jahrzehnten, mit einem Theater, mit mehreren Gast- und Logierhäusern, Bäckern, Hotels, Schulen, Badehaus und Musikpavillon, neuen Straßen und Plätzen, Handwerker- und Beamtenwohnungen. 1817 hatte die Stadt noch keine 100 Einwohner, 1850 schon mehr als 1400. Der Berliner Klassizismus stand an allen Ecken Pate für die frühe Wellnessanlage Putbus, die auch von den Reisen des jungen Malte nach Italien, Doberan, oder England inspiriert wurde.

Bei vielem behielt sich der Fürst ein Mitspracherecht vor. Zwar verpachtete er den Neubürgern günstig Land, dafür entschied er aber über Anordnung und Gestaltung der Häuser. Einmal im Jahr musste geweißt werden; auf den Bürgersteigen waren Rosenstöcke zu pflanzen. Putbus machte sich, blühte schnell auf. Der preußische König Friedrich Wilhelm IV. kam gern und kündigte sich 1846 beim Fürsten so an: „Ich komme Ihnen wieder mit einer kleinen Völkerwanderung über den Hals, da Sie, lieber Fürst, nun das Unglück haben, den schönsten Teil der Insel zu bewohnen und das Unglück gehabt haben, daraus ein irdisches Paradies zu machen.“

Parallel zur Stadtentwicklung ließ Malte das Dörfchen Lauterbach zum Seebad ausbauen, mit Badehaus im Stil eines griechischen Tempels, tiefen Marmor- und Fayencewannen und Landungssteg. Straßen wurden angelegt, mit Wegweisern, Meilensteinen und Bänken im Zwei-Kilometer-Abstand. Überlandfahrten sollten eine bequeme Sache werden, zumal es die Gäste zunehmend ans offene Meer zog. Ab 1836 entstand das Jagdschloss Granitz, als Etappenziel für die Putbusser VIPs. Aber all das half nichts: Putbus, der Badeort im Inselinneren, zwei Kilometer von der Bodden- und rund zehn Kilometer von der Ostseeküste entfernt, begann Bäderprovinz zu werden. Noch zu Lebzeiten des Fürsten setzte die Abwärtskurve des gesellschaftlichen Lebens ein. Später blieben die Gäste nahezu ganz weg. Die Ameisenpfade des Tourismus, für die Fürst Malte auf Rügen den Weg bereitete, waren an seiner Stadt vorbeigezogen. Weiter, zur Ostsee.

Wer Putbus heute besucht, landet zunächst am Circus, zu dem hier alle Wege führen. Üppig dimensioniert und rund wie eine Geburtstagstorte erinnert der Platz an ein auf die Seite gekipptes Riesenrad. Nur weit riesiger. Drumherum stehen helle Häuser wie aus einem Guss – mit ihren Längsseiten zur Rondellmitte angeordnet. Und obwohl es Unterschiede gibt, so gleicht doch ein Haus dem anderen: fast asketisch die Fassaden, ansehnlich reklamefrei, ohne modernen Zierrat. Mal ein Rosenstock im Wind, moderat in Form geschnitten. Das Trottoir wie geleckt. Eine Straße führt um den Kreisel, ein Touristenauto umrundet ihn im Schritttempo.

Nicht viel anders sieht es am Markt aus, keine fünfhundert Meter entfernt. Im Unterschied zum Circus ist er rechteckig, aber ebenso mächtig und ausnahmslos klassizistisch umstanden. Hier das Theater, nach dem Vorbild des Berliner Schauspielhauses, dort das Rathaus, dazwischen Wohnhäuser – alle gebaut, als durch Putbus vier Mal in der Woche die Postkutsche rumpelte.

Kein Zweifel, Putbus ist übrig geblieben; eine aus der Zeit gefallene Schönheit. Eine Touristenstadt? Ja, aber nach den Maßstäben des 19. Jahrhunderts! Schweigende Straßen. Stille Plätze. Gelegentlich ein Passant, wie verirrt. Die Putbusser, so scheint's, sind eine scheue Spezies oder tagsüber nicht im Ort. Nur ein Café lädt den Touristen ein, diesen Sammler verstreuter Anblicke, sich gemütlich auf einen Plausch niederzulassen. Von fürstlicher Dauer ist die Mittagssiesta der wenigen Geschäfte. Jedes Haus steckt voller Geschichte, nur erzählt sie niemand. In den Hochzeitsraum der Orangerie verbannt ist die kleine Ausstellung zur großen Stadthistorie.

Der Putbus-Besucher muss sich vortasten, bleibt ansonsten fremd in dieser Kulisse – die ihren Boom als Stadt

SEELENLANDSCHAFT MIT EINEM GRAN UNSTERBLICHKEIT

[Erst Ende des 19. Jahrhunderts wurde die Schlosskirche (oben links) zum Gotteshaus. Gebaut und genutzt wurde das Gebäude zuvor als Spielcasino. Die Rosenstöcke vor den Hauseingängen (oben rechts) gehen auf eine Anordnung Fürst Maltes zurück, der den Anwohnern eine einheitliche Frontgestaltung vorschrieb. Der Schlosspark umfasst auch ein Wildgehege, in dem sich Dam- und Rotwild tummeln

Das Theater Putbus fasst mit Fürstenloge 244 Plätze und wurde 1998 wiedereröffnet

vor gut anderthalb Jahrhunderten erlebte. Fürst Malte soll ein aufmerksamer Gastgeber gewesen sein, von ausgesuchten Umgangsformen. Heute ist die Begrüßung achtlos, als wünsche das zweitälteste Seebad und zugleich jüngste Residenzstadt Deutschlands, nicht, aus ihrem Dornröschenschlaf geweckt zu werden.

Gäste werden in Putbus nicht empfangen und begleitet, Urlauber haben keine Chance, ihr Geld im Ort zu lassen", sagt Klaus Möbus, spricht von fehlender Wertschöpfung, einer Verweildauer von maximal vier Stunden und von „zu vielen Einzelinteressen, die in unterschiedliche Richtungen streben". Der 55-jährige Theaterdirektor bietet werktags Führungen durch sein Haus an und an der Kasse neben Theaterkarten auch Auskünfte über Putbus. In seinem Theater hat Möbus mit einem breit gestreuten Programm von Kabarett über Konzert bis zu Schauspiel für 70 Prozent Auslastung gesorgt, und das bei immerhin 244 Plätzen und rund 230 Vorstellungen im Jahr. Seit der aufwändigen Rekonstruktion in den neunziger Jahren ist das Theater wieder ein klassizistisches Kleinod, schon allein eine Reise wert.

„Wo ist denn das Zentrum?" lautet eine Frage, die auch der Bratwurstmann am Circus zur Genüge kennt. „Wo können wir hier essen gehen?", heißt eine andere, „Wie kommen wir zum Schloss?" die schmerzlichste. Es sind die immer gleichen Fragen. Was er dann antworte? „Na, det ham'se schon lange abjerissen! Macht 1,80! Antworten warn gratis! Senf und Ketschup nehm' Se sich selber!"

Die gewaltigen Plätze täuschen den Besucher, denn Putbus ist klein. Zart geradezu. Nicht mal ein paar Gassen breit, kaum zwei, drei Straßen lang. Rund 5000 Einwohner, von denen nur 2700 in der Stadt selbst wohnen. Die anderen verteilen sich auf 30 Ortsteile, kleine Weiler wie Lauterbach, Vilmnitz, Altkamp oder Wreechen. Wer mit Schwung aus dem Park tritt und zügig ausschreitet, lässt alles Klassizistische schnell hinter sich und landet auf holprigen Feldwegen oder buckligen Alleen.

So bedeutungslos Putbus als Badeort geworden ist, so wichtig sind nun für die Stadt die Schloßpark-Lustwandler, die Circus-Bestauner, die Busladungen von Schwaben, Sachsen, Bayern. Mit ihren Reiseführern unterm Arm ziehen sie suchenden Blicks die Alleestraße hinab, mit all ihren Fragen und ihrer Erkenntnis, zu spät gekommen zu sein für das Schloss, und offensichtlich zu früh für dieses etwas verschrobene Putbus.

Was vom Schloss übrig blieb, ist in der Orangerie zu besichtigen. Die Devotionalien seiner Plünderung, seines Untergangs: Fotos zeigen, wie es im Schlossinneren einmal aussah, ein paar Mauersteine, Gemälde, darunter Porträts der Fürstenfamilie, Skulpturen, ein Dutzend Gedecke nebst Silberbesteck und sechs goldgefaßte Teller mit Putbus-Motiven auf lila Grund, alle gut erhalten; lediglich der Motivteller mit dem Schloss ist mehrfach gesprungen.

Bilder vom Abriss des Schlosses sind in der Schlosskirche zu sehen, deren Kanzel und Gestühl einst Meinkes Urgroßvater fertigte, auch der war Tischler. Jeder Altbau feudaler Prägung wurde von der DDR lange als vorproletarisches Relikt herzlich missachtet und misstrauisch beäugt: Wenn's gut lief, sich selbst überlassen oder Sozialismus-typisch irgendwie hergerichtet, wenn's schlecht lief, dem Erdboden gleichgemacht. Armes Putbus, du Schöne von Rügen, warst zu herrschaftlich für einen Staat, in dem sogar Ziegel rar waren: Als das Dach undicht wurde, sprengte man kurzerhand das ganze Schloss. Von 1960 bis 1964, ganz langsam, Flügel für Flügel. Pioniereinheiten der NVA, des ostdeutschen Heeres, aus dem nahen Prora übernahmen den Job.

Ach, hätten sie doch eines ihrer Gewerkschafts-Heime, Pionier-Lager oder einen ihrer Jugendwerkhöfe draus gemacht, längst wäre die Wiege von Putbus wieder erblüht. Mit dem vielen Trümmerschutt, erzählt Ortshistoriker Meinke, wurden die Wege und Alleen der Umgebung aufgefüllt. „Im Volksmund hießen sie ‚Schlossstraßen'", sagt er noch, und schweigt dann lange. □

Thomas Gebhardt, *freier Autor, lebt in Hamburg und Zidderich und war fasziniert von Fürst Maltes Idee, einen Badeort im Inselinneren zu schaffen.*

Mit Schwung zurück in die Zukunft: Bogislav von Platen auf der Schaukel vor seinem Gutshaus Reischvitz, das er gemeinsam mit seiner Frau Margarethe wieder in Stand gesetzt hat

Flammen schlagen aus der Burg, dem slawischen Heiligtum im Norden. Näher und näher kriecht das Feuer auf den Tempel – darin Svantevit, der viergesichtige Gott. Die Männer auf der hölzernen Brüstung kämpfen verzweifelt. Leiber sind Fackeln; Schreie, Flüche, Gebet. Doch die Kräfte der Verteidiger erlahmen, immer neu rennt der Feind gegen die Festung, er ergießt sich aus hunderten von Schiffen. Seit Wochen ankern die dänischen Koggen vor dem Steilufer, das Kreuz am Mast. Seit Monaten belagern sie die bewehrte Klippe. Die Wälder ringsum haben die Dänen gefällt, um Wurfmaschinen zu bauen. Feuer und Steine schlagen gegen Arkonas Mauern. Bald wird Svantevit entthront, bald werden sie den Götzen schleifen. Rauch verdunkelt das Meer.

Schon lodert der Turm mit der heiligen Flagge. Die Fahne, rufen die entsetzten Verteidiger, sie darf nicht brennen. Fester packt der Ritter Granza sein Schwert, härter noch schlägt er auf den rasenden Feind. Da bricht der Turm zusammen. Das Banner verglüht. „Wir sind verloren", denkt Granza.

Am Abend des 14. Juni 1168 ergeben sich die Ranen, Rügens Slawen, nach monatelanger Belagerung dem Heer der Dänen. Wenig später tritt der kühne Granza vor Bischof Absalon, den Befehlshaber der Dänen. Eine Wunde klafft an seinem Arm, das lederne Hemd ist zerrissen. Granza fällt auf die Knie. Er bittet für seinen Herrscher, er erfleht die Schonung Charenzas, des Königssitzes im Süden. Absalon mag ein Wüterich sein, doch er ist klug. Er weiß, noch sind die Slawen stark, ein weiterer Kampf würde lang und blutig. Absalon nickt – Granza darf reiten.

Noch in derselben Nacht jagt der verwundete Ritter ans andere Ende der Insel. Sein Bericht vom grausigen Schicksal Arkonas bricht den Leuten Charenzas jegliche Kampfeslust. Als Bischof Absalon Tage später mit 30 Kriegsschiffen an Rügens Südküste landet, streckt Slawenkönig Tetzlaff

Als Kind war Bogislav von Platen zuletzt auf Reischvitz. „Das Haus kannte ich nur noch aus Erzählungen", sagt er. 1992 kaufte er es der Gemeinde Patzig ab

Der **Familie von Platen** gehörten über Jahrhunderte große Güter und ganze Dörfer auf Rügen. Bis die Kommunisten den Adel vertrieben. Jetzt sind die von Platen wieder da. Die Chronik ihres Clans ist ein Stück Insel-Historie

Rückkehr nach Reischvitz

Text: Maik Brandenburg, Fotos: Gerald Hänel

eiligst die Waffen. Die Bewohner Charenzas bleiben unversehrt.

Friedensstifter Granza lässt sich zwei Jahre später im Westen Rügens nieder, er gründet Granz(a)kevitz, das heutige Granskevitz. Bald schon erhebt sich dort eine Burg, im Jahre 1255 ist sie urkundlich erwähnt. Otto cum Plate – Otto mit der Platte - heißt der Burgherr. Sehr wahrscheinlich ist er ein Sohn oder Enkel des Granza.

Ottos Erwähnung anno 1255 ist sowas wie der Namenstag eines Geschlechts, das bis heute mit Rügen verbunden ist: derer von Platen. Mag Granza die Schlacht um Arkona verloren haben – seine Nachfahren werden unter diesem Namen die Insel erobern.

Gut 750 Jahre später – genau am 17. Juni 1989 – fällt ein motorisierter Tross auf Rügen ein. Die Autos tragen schwedische Kennzeichen, einige kommen aus Finnland und aus Norwegen. Manchen klebt das „D" am Heck. Die Besucher halten in vielen Orten Westrügens, in Venz, in Schaprode, in Trent. Sie laufen über Friedhöfe, setzen sich in Kirchen, sie erschaudern vor Ruinen und Epitaphen.

In Granskevitz schließlich, der schlossähnlichen Feste mit Wall und Wassergraben, harren sie ehrfürchtig vor den alten Mauern. Zurück bleiben jeweils die verblüfften Einwohner. „Wat wier dat", fragte der alte Kagelmacher, Bauer in Venz. „Sachen", fasste sein Nachbar Kruse, Traktorist, zusammen. Doch auch er kann sich keinen rechten Begriff von dem Geschehen machen. Denn dieser Begriff reist erst ein knappes halbes Jahr später ein, im Gepäck einer neuen Zeit: Alteigentümer.

Die von Platen waren, vorerst nur für ein paar Stunden, zurückgekehrt. Dabei kamen noch nicht einmal alle. Ihr Stammbaum, vereinigt im Platen'schen Familienverband, zählt weit über 200 Namen. Und auf Rügen waren die Häuser und Felder, die Wiesen und Seen der Urväter. Hier trieben die Sprosse des Ritter Granza, trieb der Same jenes mächtigen Baumes mit seinen dicksten Zweigen in Schweden

Die Reproduktion eines alten Gemäldes, das Gut Reischvitz vor rund 200 Jahren zeigt, diente als Vorlage für die Sanierung und Rekonstruktion der Fassade

»Excellere factis praeclarum« – **»Hervorragen durch ausgezeichnete Taten«**. So steht es im Wappen der Familie, zu der Bürgermeister, Pastoren und jede Menge Militärs gehörten

und Deutschland, mit seinen Ästen und Trieben, die durch viele Menschenalter reichen. „Unmöglich alles zu sehen", schrieb Herta von Platen in ihrem Bericht an alle Daheimgebliebenen, „denn die früheren Platenschen Besitzungen zogen sich an der Westküste von Nord bis Süd, einschließlich Hiddensee. So wurden nur die Orte herausgepickt, die am wichtigsten waren." Ruschvitz gehörte nicht dazu, obwohl dort Störtebeker geboren sein soll. Eine andere Linie des Granza soll direkt zum Freibeuter führen. Wie auch immer, die Familie von Platen machte auch ohne den Piraten auf der Insel Furore. Der „Provinzial Kalender für Neu-Vor-Pommern und das Fürsthentum Rügen auf das Schaltjahr 1824" rechnet rund 20 Güter und Dörfer Rügens den von Platens zu. Der größte Besitz konzentrierte sich auf Westrügen, diesen fast ebenen Teil der Insel. Das platte Land war Platen-Land: Hier vor allem befanden sich ihre Gemarkungen. Die Äcker brachten Brot, die Wälder teures Eichenholz und mittendrin wühlten die Schweine zu fetter Mast.

Auch das nahe Hiddensee gehörte lange den von Platen. In ihren „Krügen", den Gasthäusern, bedurfte es keines Trinkspruches, um dennoch stets auf das Wohl der Familie anzustoßen. Nicht weniger förderlich war die „Todrift", das Recht am angeschwemmten Strandgut jeglicher Art. Leider waren die schönen Schiffbrüche selten, weshalb man – da schlug wohl das Piratenblut des legendären Vetters durch – den Kühen Laternen an die Schwänze band, um so den bedrängten Kapitänen die Passage ans sichere Land vorzugaukeln. Pech für die Schiffe, die sich darauf einließen – sie waren, buchstäblich, „am Arsch".

Nun, das mag eine Mär sein. Erst recht, wo sie so gar nicht zum ritterlichen Wappenspruch derer von Platen passt: „Excellere factis praeclarum" – „Hervorragen durch ausgezeichnete Taten". Also soll auch erwähnt sein Baltzar Bogislaus von Platen, der Rüganer, der den Göta-Kanal baute. Und ein weiterer Baltzar, er erfand den Vorläufer aller Camping-Kühlschränke. Und natürlich August von Platen, der Dichter. Der Zeitgenosse Goethes indes hat Rügen nie besucht, seine Linie war schon vor Generationen aufs Festland ausgewandert, ins Hannoversche.

Die Chronik vermerkt aufopferungsbereite Landräte und Bürgermeister. Sie würdigt segensreiche Diakone, Probste und Pastoren wie Simon von Platen in Schaprode, anno 1534, der als erster im Amt vom katholischen zum evangelischen Bekenntnis wechselte. Und sie notiert kühne Militärs, die vor allem. Die Annalen stehen in Habacht vor ihren Generälen, Generaladjutanten und Hofstallmeistern; sie klirren vor Orden und Ehrenstandarten, sie feiern die „wilden Reiterstückchen", die „Husarenstreiche" der uniformierten Ahnen. Nicht immer ritten sie in einer Front, die meisten waren den Schweden dienlich, manche den Holsteiner, münsterschen oder sächsischen Herren; andere wiederum fochten in dänischer Montur, und zuweilen gar standen sie einander gegenüber: Im Siebenjährigen Krieg etwa hieben knapp drei Dutzend von Platen aufeinander ein.

Und auch sie verbreiteten den Ruf der Familie weit über Rügens Grenzen hinaus, auf sehr eigene Art: Leute wie jener von Platen auf dem Hiddensee der Kaiserzeit, der dort als Amtsvorsteher wartende Besucher mit einem Schuss aus dem Fenster zu vertreiben pflegte. Oder Tante Lu auf Gut Silenz. Ihr Geiz war legendär – „Nehmt den Reiher vom Mist", befahl sie der Dienerschaft, „er taugt noch allemal als Braten." 1912 stand sie auf der Binzer Seebrücke, als jene unter der Last der Besucher zusammenbrach. Das Unglück kostete 14 Menschenleben. Noch lange sprach man von jener Dame, die

largarethe und Bogislav von Platen in ihrem Haus vor dem hölzernen Familienepitaph.
s wurde auf dem Dachboden der Trenter Kirche gefunden und restauriert

Der zerbrochene Grabstein eines Vorfahren liegt auf dem Anwesen in Reischvitz

zu ihrer Rettung gezwungen werden musste. Tante Lu hatte sich geweigert zu schwimmen – sie hätte dafür Handtasche und Schirm opfern müssen.

Ein Dreivierteljahrtausend hat die Familie von Platen auf Rügen mitgeredet. Ebenso lange machte sie von sich reden. Sie hat viele Mal untereinander geheiratet und genauso oft „über den Mist", also in ähnlich begüterte Sippen des Eilandes. Anfang des letzten Jahrhunderts wohnten rund 100 Menschen mit Namen von Platen auf Rügen.

Ende des Jahres 1945 lebte auf der Insel keiner mehr, der von Platen hieß.

Am 17. Juni 1989, bei der Familientour des Clans, steht Bogislav von Platen vor dem Gutshaus Reischvitz. Er sei, sagt Herr von Platen über seinen damaligen Besuch, erstaunt gewesen wegen des verhältnismäßig guten Zustands des Hauses. Er hatte sich alles verwahrloster vorgestellt. Stattdessen hingen Gardinen vor den Fenstern und in den Schrebergärten standen emsig umsorgte Hecken.

Generalleutnant Erich von Platen – Onkel Erich – hatte das Anwesen in Reischvitz dem Familienverband vererbt, lange vor dem Krieg. Onkel Erich galt als überaus penibel, ein sauberer Herr. Mit dem Einstecktuch, so die Familiensaga, war er seinen Gästen hinterher. Jeden Fleck auf dem Parkett putzte er sofort weg. Kinder machen Dreck, vielleicht war dies der Grund, weshalb der General kinderlos blieb.

Sein Patensohn war Bogislav von Platens Vater, er sollte den Nießbrauch aus dem Erbe ziehen. Nießbrauch ist der Gewinn, den Haus und Landbesitz abwerfen. Nach dem Tode seines Vaters – er fiel zu Ende des Krieges – wäre Bogislav von Platen der Nutznießer gewesen. Dazu kam es nicht: Die Rote Armee enteignete die Familie, sie nahmen ihre Häuser in Besitz und jagte die verbliebenen „Feudalherren" von der Insel.

Als Kind war Bogislav von Platen zum letzten Mal in Reischvitz gewesen, er besuchte die Großeltern. „Das Haus, überhaupt Rügen, kannte ich nur aus den Erzählungen auf den Familientreffen", sagt Herr von Platen. „Ich sehnte mich nicht danach, zurückzukehren."

Auch bei seinem nächsten Besuch ging es noch nicht um die Rückkehr. Das war zu Ostern 1990. Andere Alteigentümer trieben da anderswo schon Spaziergänger aus „ihren Wäldern". Der Bankangestellte Bogislav von Platen ließ sich von Frankfurt am Main in den Osten versetzen. Er baute Filialen in Dresden, Rostock und Stralsund mit auf. Langsam kam er Reischvitz näher.

Den letzten Anstoß mag der alte Herr Schlieker geliefert haben. Herr Schlieker war schon vor dem Krieg Stellmacher bei den von Platen auf Gut Reischvitz gewesen. Immer noch lebte er in einer Wohnung des Gutshauses. „Seine Begeisterung über das Wiedersehen hat mich beeindruckt", so Bogislav von Platen. Der alte Schlieker habe sich sehr gefreut und so etwas wie „der junge Herr ist zurück" gemurmelt. Bald sah man den über achtzigjährigen Mann die Treppen des Gutshauses putzen. „Machst es wohl fein für die Herrschaft", wurde im Dorf gespöttelt.

Das musste die „Herrschaft" dann doch selber tun. Im Winter 1991 zog Bogislav von Platen zur Miete in das Dachgeschoss des Hauses. Er lebte mit einem kaputten Kohleofen, weshalb er beständig einen Radiator hinter sich herzog. Kurz nach von Platens Einzug starb Herr Schlieker, der heimliche Wächter des Gutshauses. „Es war, als sei ihm die Verantwortung abgenommen worden", meint Herr von Platen. „Er konnte endlich gehen."

Im Sommer 1992 siedelten Bogislav von Platen und seine Frau aus dem Taunus endgültig nach Rügen über. Kurz zuvor hatten sie das Gutshaus Reischvitz und vier Hektar drumherum von der Kommune Parchtitz

Auch in der Schaproder Kirche ist die Familie verewigt. Am Altaraufgang ehrt die Inschrift den Urahn Pastor Simon von Platen, der die Reformation auf Rügen vorantrieb

Das Interesse an den eigenen Wurzeln wächst. Entfernte Verwandte aus ganz Deutschland und Skandinavien schreiben Briefe nach Reischvitz

gekauft. „Der Bürgermeister war froh, er hatte noch ein paar andere Gutshäuser am Hals." Eine Rückgabe war wegen des Einigungsvertrages ausgeschlossen. Ausgeschlossen war es auch, die verbliebenen Bewohner des Hauses herauszuklagen.

„Ein paar Mietern besorgten wir Wohnraum, andere suchten selbst. Es gab ja längst besseres als ein morsches Gutshaus." Die Frösche und Eidechsen räumten den Keller, als dort Fensterscheiben eingesetzt wurden. Im dritten Jahr zogen die neuen Besitzer eine Drainage, im vierten wurde das Haus isoliert und im fünften Jahr das Dach entrümpelt.

En passant belegte das Ehepaar von Platen einen Volkshochschulkurs, Lernziel „Reiseleiter", dachte, so die Insel am besten kennen zu lernen. Nach den Hausaufgaben saßen beide über Bauplänen. Besonders beschäftigten sie sich mit einem Foto, das ihnen der alte Stellmacher Schlieker geschenkt hatte. Es zeigte das prächtige Gutshaus Reischvitz um die vorletzte Jahrhundertwende. Der vergilbte Abzug wurde zur Vorlage für die Rekonstruktion der Fassade.

Die leuchtet heute wieder wie auf den alten Karten. Davor steht Bogislav von Platen, ein sehr freundlicher Herr von Mitte Sechzig. Man kann ihn sich gut im Tweed oder bei der Fuchsjagd vorstellen. Aber er war, wie gesagt, Bankangestellter. Seine Frau arbeitete vor der Pensionierung als Kinderkrankenschwester. Die beiden waren keine Feudalherren, sie mussten den klassischen Weg gehen: Kredite, Spareinlagen, Fördergelder „Und wir haben viel selbst gemacht", sagt Herr von Platen.

Auch im Garten, pardon, Park. Nun stehen die 200 Jahre alten Kastanien wieder unbehelligt von den Gemüsebeeten der Schreber, dem Rhabarber im Rasen ist der Garaus gemacht. Der Park wirkt herrschaftlich. Der Teich ist entrümpelt, die brüchigen Ställe abgerissen, der Blick geht ungehindert auf die Marienkirche der Kreisstadt Bergen. Lange hat sich die das Haus hinter die Ställe geduckt. Heute zeigt es sich wieder, eine Attraktion auf der Umgehungsstraße kurz vor Bergen.

Die Zimmer des Hauses sind groß und licht, die Wände des sozialistischen Wohnungsbauprogramms zerstückeln das Gebäude nicht länger. Vom Eingang geht man durch einen langen Flur ins Esszimmer, das in den Park führt. Es ist fast wie einst. Möglicherweise sind die Räume nicht ganz originalgetreu rekonstruiert, da Unterlagen fehlten. Doch die Decken haben abgerundete Ecken, so baute man vor Jahrhunderten.

Abends dann sitzt das Ehepaar von Platen beim Tee und beantwortet Briefe der verstreuten Sippe. Deren Interesse an den Wurzeln ist gestiegen, zwischendurch klingelt das Telefon, diesmal ist es ein Herr aus Bayern, er bietet Material an über einen gemeinsamen Vorfahren. „Die von Barnekows", sagt Bogislav von Platen „denen gehörte das Gutshaus in Klein Kubbelkow gleich nebenan." Sein Interesse an Rügens Historie hat sich herumgesprochen. Und es hat angesteckt: Demnächst will der jüngste Sohn, eins von drei Kindern, aus dem Westen nach Rügen ziehen. „Erst war er skeptisch. Doch wenn er Arbeit findet, kommt er jetzt mit fliegenden Fahnen", so der Vater.

Über der Treppe hängt das restaurierte Familienwappen. Sie hatten es halb verrottet in der Kirche von Trent entdeckt, es stammt aus der Mitte des 17. Jahrhunderts. Auch das Grab von Erich von Platen, dem reinlichen General, der Reischvitz einst vererbte, ist wieder hergerichtet. Die Deckplatte hatte sich gesenkt, sie wurde angehoben und glänzt nun frisch poliert. Nur den Rand besudelt Taubenschiss. Man möchte ein Einstecktuch dabeihaben. □

Gerald Hänel, *Fotograf, lobt die herzliche Gastfreundschaft der von Platen.*

Wenn Neugier und innovatives Denken
mit einer Auszeichnung belohnt werden ...
... dann muss es live! sein!
WELTWEIT GRÖSSTE REISEMESSE 1. PLATZ ITB BuchAward 2004 Kompakte Reiseführer
WELTWEIT GRÖSSTE REISEMESSE 1. PLATZ ITB BuchAward 2005 Kompakte Reiseführer
WELTWEIT GRÖSSTE REISEMESSE 1. PLATZ ITB BuchAward 2006 Kompakte Reiseführer
WELTWEIT GRÖSSTE REISEMESSE 1. PLATZ ITB BuchAward Innovationspreis 2007
Doppelter Grund zur Freude: Der Innovationspreis 2007 der Internationalen Tourismus-Börse ITB in der Kategorie „Kompakte Reiseführer“ geht an MERIAN live! – für die nützlichen und spannenden Neuerungen „herausnehmbarer Faltplan“ und „MERIAN Quiz“. Darüber freuen wir uns sehr. Und Sie können sich noch mehr auf Ihre nächste Reise freuen! Überall, wo es Bücher gibt. Mehr Informationen unter WWW.MERIAN.DE
MERIAN live!
Die Lust am Reisen
MERIAN live!
Berlin
EXTRA: Berlin-Lexikon
Hackesche Höfe – Wo Berlin sich amüsiert
• Galerien und Museen – Wo alte Meister und Junge Wilde sich begegnen
EXTRA MERIAN Quiz mit Gewinnspiel
NEU Stadtplan zum Herausnehmen

Die

Foto Michael Engler

Kleine Seen, saftige Wiesen und Kornfelder sind typisch für die Mönchguter Landschaft. Hier findet jeder ein stilles Plätzchen um durchzuatmen und seinen Gedanken nachzuhängen

große Liebe der Mönche

Viele halten Mönchgut für den schönsten Teil der Insel. Zu Recht: Das Land, das Zisterzienser einst besaßen, macht noch heute Besucher glücklich

Alle Texte: Fritz-Jochen Kopka

Eine steife Brise läs
die bunten Flagge
flattern, mit denen d
Fischer, wie hier b
Gager, die Lage ihre
Netze markiere

Wer am Meer leben will, muss im Sturm bestehen

Es gibt sie noch, die Mönchguter Fischer, auch wenn Fangquoten und Überfischung dem Traditionsberuf zusetzen. Mancher, der früher aufs Meer fuhr, lebt heute vom Tourismus

Harmonische Landschaft bis zum Horizont, auch wenn die Namen zickig klingen: Blick von Groß Zicker über den Zickersee nach Klein Zicker

Feiner Sand und seichte Wellen: Der Nordstrand bei Göhren, von der Seebrücke aus gesehen, gehört zu den beliebtesten der Region

Foto: Dennis Williamson

Um 1400 datiert die kleine Backsteinkirche in Groß Zicker. Auf dem schattigen Friedhof erzählen verwitterte Grabsteine von vergangenen Zeiten. Darunter auch sogenannte Grabwangen, hohe, stelenartigen Steine aus dem 19. Jahrhundert

Jede Sekunde hat hier
den Wert einer Ewigkeit

Ausflügler mit Pferdewagen picknicken an der Having-Bucht. Der Blick auf das Reddevitzer Höft auf Mönchgut bezauberte die Menschen schon im Mittelalter

Inseln sind Sonderwelten, aber Mönchgut ist noch einmal eine Sondersonderwelt. Die Zisterziensermönche des Klosters Eldena kauften 1252 das „Land Reddevitz" für 30 Mark und waren von der Gegend so entzückt, dass sie fast hundert Jahre später die „Halbinsel Zicker" dazu erwarben und aus beidem Mönchgut machten, um es nach ihrer Fasson zu gestalten. Sie holten deutsche Siedler, rodeten den Wald und kultivierten das Land. Roter Backstein, dunkles Reet prägen das Gesicht der Ortschaften, Holzskulpturen von wetterfesten Fischern und Bauern, ab und zu auch eine wetterfeste Losung wie diese des Heimatforschers Fritz Worm: „Wer am Meer leben will, muss im Sturm bestehen." Dazu hat der Mönchguter an der in Buchten und Landhaken zerklüfteten Küste häufig Gelegenheit. In den manierlichen Seebädern Baabe und Göhren mit ihren feinen Sandstränden flanieren die Touristen auch bei steifer Brise, in Thiessow atmen sie die gesündeste Luft Rügens.

In seinem Sprechzimmer sitzt Ulrich Kliesow, Bürgermeister von Middelhagen, ein Mann mit eng anliegenden Haaren und schweren Augenlidern. Im Gespräch fällt der Begriff „das Mönchsgut", und Kliesow ist sofort auf der Palme. Weder hat der Artikel vor, noch das Fugen-s in dem Wort Mönchgut etwas zu suchen. Man sagt ja auch nicht „das Jasmund". „Das Mönchsgut" gilt ihm als Indiz für die selbstgefällige Ahnungslosigkeit, mit der die Mönchguter seit eh und je als halbe Irre beschrieben werden, die sich von der Umwelt abriegelten und ein Paralleluniversum voller Sonderbarkeiten schufen, wozu in der Folge auch Inzucht gehörte. Unfug.

Die Mönchguter hielten ihre Türen weit offen und waren stets auf neue Arbeitsmethoden erpicht. Die ökonomischen Verhältnisse wurden im Sinne der Produzenten geregelt. Mitte des 19. Jahrhunderts entstanden freie Bauernhöfe und 96 Büdnerstellen. Nur Eigentümer, davon war Ernst Moritz Arndt, großer Sohn der Insel Rügen, überzeugt, verteidigen die Äcker gut. Nach dem Zweiten Weltkrieg kamen zum Segen der Halbinsel viele Flüchtlinge aus Ostpreußen und dem Memelgebiet nach Mönchgut. Sie brachten hochseetaugliche Fischkutter mit und hatten wenig Mühe, auf Mönchgut heimisch zu werden. Der Bürgermeister meint, dass das an der Landschaft Mönchguts liegt, sie bringt die Kraft auf, Menschen zu prägen. Zum Entsetzen al-

Diese Landschaft hat die Kraft, Menschen zu prägen

ler Demokraten scheut Kliesow, der selbst Fischer war, sich nicht, die DDR-Jahre eine goldene Zeit des Fischfangs zu nennen. In der heutigen Zeit sind die Bestände überfischt, die Quoten infolge europäischer Kompensationsdeals niedrig. Aus stolzen Fischern werden wortkarge Vermieter. Viele Mönchguter haben nur während der Saison Arbeit, und da werden sie in Hotels und Ferieneinrichtungen schamlos ausgebeutet, sagt Kliesow, ärgerlich, weil er keinen Ausweg sieht.

Auf dem Weg zu den Zicker Bergen liegt Lobbe mit dem reizvollen „Gasthof Zum Walfisch". Bis zur Astgabelung zurückgeschnittene Bäume am Straßenrand wirken wuchtig wie Keulen und verleihen den Straßen ein wehrhaftes Image. An einem Haus ist über den Fenstern ein grüngestrichenes Fahrrad befestigt, als wolle es, ob nun mit oder ohne Fahrer, demnächst in den Himmel aufsteigen. Und dann Groß Zicker, das museale Dorf mit seinen Dreiseithöfen und der kleinen Backsteinkirche, nicht zu vergessen das aus Holz und Lehm gebaute Niederdeutsche Hallenhaus, in dem die Pfarrwitwen mit ihren Kindern wohnten. Heute ist das Pfarrwitwenhaus Teil der reichen Mönchguter Museumslandschaft. Die sieben Museen verdanken ihre Existenz zuerst der Kapitänstochter und Lehrerin Ruth Bahls (1909 - 1994), die immer nur Frollein Bahls genannt wurde und im Sammeln und Sichten historischen Sachguts ihre Lebensaufgabe entdeckte.

Am Dorfausgang bündeln drei Männer Reet für das neue Dach der Pension „Taun Hövt". Es regnet mit dumpfer Inbrunst. Das Zickersche Höft breitet sich aus, mit einem tollen Schwung, der sich vom Bodden links fortsetzt über die ganze Breite des Ausblicks.

Auf nackten Flächen ragen gelegentlich kleine Baum- und Buschinseln auf, mittig ein Nadelwäldchen, an das sich abermals kahle Flächen anschließen. Kleine Seen, struppige Büsche. Am Wegrand Findlinge aller Größenordnungen. Hinter einem zähen Baum, der sich schon unmittelbar über dem Erdboden verzweigt, spaltet sich auch der Weg in ein Delta von Pfaden auf, die zu den einzelnen Hügeln führen. Dieser Berg ist nackt, jener üppig bewachsen, du kannst nicht vergleichen. Auf allen Seiten das von Nehrungen und Landzungen gesäumte Boddenwasser. An der Gegenseite des Hangs stürmt es ungebremst, Bäume sind umgestürzt, einer liegt quer über dem Weg. In geisterhafter Ferne ein bewegungsloses Boot, man sieht keine Menschenseele.

Jede Sekunde hat hier Ewigkeitswert, Zeitsprünge über Jahrhunderte hinweg, ein naheliegendes Gedankenspiel. Hinter jedem Berg erhebt sich ein weiterer Berg, der sich gerade noch verborgen hat, und alles endet wieder mit dem Blick auf Wasser, Wieken und den Bodden. An dieser Stelle ist Rügen wirklich die schönste Insel Deutschlands. □

Das Schloss im Zauberwald

Zwischen Buchen und Eichen steht plötzlich ein Märchenpalast: Die Wanderung zum Jagdschloss Granitz ist so romantisch wie surreal

Ein Stau entsteht. Arbeiter und Kettensägen am Rand der Deutschen Alleenstraße im Kampf mit Bäumen, die nach den Stürmen zum Sicherheitsrisiko geworden sind. Helles Holz an den Schnittflächen, harziger Geruch, noch durch die Autofenster zu spüren. Der Abzweig zum Jagdschloss Granitz, der Parkplatz vom Wald eingeschlossen, das Kassenhäuschen, an dem keiner vorbeikommt. Fünf Euro Parkplatzgebühr oder 5,50 Euro für Parkplatz plus Shuttle zum Jagdschloss. Die Granitz, nach der Stubnitz der zweite Rügener Riesenwald, zu durchwandern, ist natürlich schöner, als schnöde mit dem Bus zu fahren.

Nach ein paar hundert Metern überrascht ein konfuses Grundstück: Hütten, Baracken, Wohnwagen, Kfz ohne Kennzeichen, Kutschen. Stapel mit Holzstämmen säumen den Weg. Man wandert nicht allein; Familien, Gruppen, Ehepaare, Kinder, die sich tragen lassen, es geht immerfort bergauf. An der Station Jagdschloss hält der Rasende Roland, die berühmte Rügener Kleinbahn, ein paar Wanderer klettern aufgeregt in die Wagen, die Lok stößt einen Pfiff und eine weiße Dampfwolke aus und entfernt sich in Zeitlupentempo. Ein Bekenntnis zur Langsamkeit.

Der Weg windet sich in weiten Bögen den Berg hinauf. Steilere Abkürzungen locken, der Wald lichtet sich, noch einmal ein giftiger Anstieg bis auf den 107 Meter hohen Tempelberg, was auf Rügen nicht wenig ist, spargelig stehen die Bäume am Rand, und das Jagdschloss ist da. Hell hebt es sich, in einem rötlichen Anstrich, vom dunklen Wald ab, bestimmend sind die zinnenbewehrten Rundtürme, an jeder Ecke einer, und der Aussichtsturm in der Mitte, eine Schöpfung von Karl Friedrich Schinkel, den Fürst Wilhelm Malte I. noch nach Baubeginn 1837 gebeten hatte, die Baupläne Johann Gottfried Steinmeyers zu optimieren. Unterhalb des Schlosses trudelt die Shuttlebahn ein. Touristen mit Fotohandys erobern das Terrain.

Es gibt einige Gründe, das Jagdschloss aufzusuchen. Einmal ist es der Weg durch die Wälder der Granitz, das surreale Erlebnis, mitten im Wald an einer Melancholie ausstrahlenden Station der weltentfernten Kleinbahn zu begegnen, es ist der Kontrast von Waldwildnis und klassizistischer Architektur, der Aussichtsturm des Schlosses, von dem aus man einen grandiosen Rundblick auf Rügen hat, es ist die Sammlung von Jagdtrophäen, und es ist nicht zuletzt die Alte Brennerei in den Verliesen des Schlosses, in der der Wanderer wieder zu Kräften kommt.

Ein wundersames Gewölbe. Die Fensternischen verstellt mit ausgestopften Füchsen, Dachsen, Wildkatzen und Rebhühnern. Der Gast sitzt an monumentalen Tafeln, die hell geschrubbten, klobigen Tischplatten sind von mannigfaltigen orgiastischen Gebrauchsspuren zerklüftet und geadelt. Über die Seitenwand zieht sich ein Gemälde, das eine vitale derbe Tischgesellschaft zeigt, degenerierten Landadel, dem von Mägden mit dicken Brüsten bis zum Rand eingeschenkt wird. Darunter sitzt eine Gruppe fröhlicher Ausflügler. Das Jagdschlossbräu fließt in Strömen, Landsknechtbrot mit frischem Mett und roten Zwiebeln wird verzehrt.

Die Tische, sagt die Kellnerin, wurden aus England importiert, vielleicht lagen sie aber auch in den Schlossverliesen – genau bekommt man so was auf Rügen nie heraus, wo jeder auf seine eigensinnige Art an der Geschichte der Insel mitzuspinnen scheint. Der Rügen-Reisende Theodor Fontane hielt die hiesigen Sagen für reichlich unauthentisch, sprach von einer „Industrie von historischen Merkwürdigkeiten. Wie alte Bilder, Götzenbilder, alte Violinen, alter Wein künstlich gemacht werden, so auch die ‚Historien' ".

Der Gast trennt sich ungern von der Alten Brennerei, um wieder hinunterzusteigen in die Abgründe des Waldes, wo die Bäume wieder stärker und grüner werden, das Gelände wechselnd abfällt und ansteigt. Das Naturschutzgebiet Granitz, so viel verraten Informationstafeln, ist eine Stauchendmoräne, mit weitgehend naturnahen Buchen- und Traubeneichenwäldern, abgeschlossen von einem Kliff mit vorgelagertem Blockstrand zur Ostsee hin. Im Inneren verbergen sich einige Kesselmoore. Sowie man das erst einmal weiß, sieht oder erahnt man es auch mit eigenen Augen und Sinnen. Dazu wird am Wegrand noch eine Portion Poesie geliefert. „Ich bin der Wald", heißt es auf einem Schild, „ich bin uralt/ich hege den Hirsch/ich hege das Reh/ich schütz euch vor Sturm/ich schütz euch vor Schnee/ich wehre den Frost/ich wahr die Quelle/ ich hüte die Scholle/ich bin immer zur Stelle/ich bau euch das Haus/ich heiz euch den Herd/darum ihr Menschen/haltet mich wert." Natürlich soll man den Wald nicht personalisieren, aber der Amateurdichter darf alles. Der Weg führt wieder an dem wirren Grundstück vorbei. Wahrscheinlich versteht man das kleine Gedicht gelegentlich falsch. So ganz direkt wird der Wald uns die Häuser nicht bauen. □

Die gusseiserne Wendeltreppe im Mittelturm des Schlosses schraubt sich über 154 Stufen 33 Meter in die Höhe und führt zur Aussichtsterrasse

Fürst Wilhelm Malte I. ließ den klassizistischen Bau von Johann Gottfried Steinmeyer entwerfen. Hell erhebt sich seit mehr als 150 Jahren das Jagdschloss aus dem dunklen Wald

Im Reich des Windes

Immer nach Norden, und dann immer geradeaus. Dort liegt Wittow, das Windland, gekrönt vom Kap Arkona mit seinen Leuchttürmen

Seltsames Gefühl, über eine Nehrung von einer Halbinsel zur anderen zu fahren, von Jasmund nach Wittow. Dazwischen liegt mit der Schaabe genannten Nehrung Land, das es einmal nicht gab. Zwei Landzungen wuchsen durch die unentwegte Umverteilungsarbeit des Meeres aufeinander zu, vereinigten sich und machten ein Stück Ostsee zum Bodden, so dass man auf der einen Seite in Süßwasser und auf der anderen in Meereswasser baden kann. Die Schaabe in der Mitte bietet Kiefernwald und den schönsten Sandstrand der Insel mit den Ostseebädern Breege und Juliusruh. Da fängt Wittow, das Windland, an.

Die Landschaft wird einsilbiger. Nicht nur der Abstand von Gehöft zu Gehöft vergrößert sich, auch jener von Baum zu Baum, die Horizonte werden offener. In Altenkirchen wirken ein DDR-Wohnblock und die Kirche ähnlich mitgenommen. Der Gemeindepfarrer, Gotthard Ludwig Theobul Kosegarten, war einst der erste, der seiner Hingabe für die wilde Insel literarischen Ausdruck verlieh, wohl, weil sie seine chaotische Seele beruhigte. Kosegarten korrespondierte mit Goethe und veröffentlichte in Schillers Horen, wurde von den Klassikern allerdings eher mit Ironie bedacht. Er war ein Mann dieser Landschaft, ihr hemmungslos verfallen. Eine Landschaft der Gegensätze, wie sie sich am Kap Arkona erst recht offenbaren, die eleganten Linienführungen der Hügel, der schroffe Abgrund zum Meer hin, die Felder mit ihren schweren Böden. Die Bebauung einer solchen Landschaft wirkt frevelhaft. Gerade mal die Leuchttürme harmonieren mit dem Nordkap, der quadratische, von Schinkel entworfene, 1827 fertig gestellte, und der den Schinkelturm überragende Neue Leuchtturm von 1902, der seine Signale weiter in die heiklen Strandungsgewässer aussenden konnte, auch noch der ehemalige Marinepeilturm neben der 1168 von den Dänen geschleiften Jaromarsburg. Die Baracken und Bunkeranlagen, aus denen rostige Lüftungsrohre herausragen, die verbeulten Eisentonnen vermitteln Abbilder einer verqueren Welt zwischen Seenotrettung und Militärverfallenheit, dazwischen liegt ein kleiner Skulpturenpark mit Arbeiten osteuropäischer Künstler, „Rad der Geschichte 1 und 2", und auf dem graugrünen Acker hinter dem letzten Bunker steht eine Prüfanlage des Sächsischen Textilforschungsinstituts. Alles kommt hier zusammen, Sinn und Unsinn, Ordnung und Chaos.

Neben dem Imbissstand rattert eine Kettensäge. Zwei Arbeiter versuchen, einen Baum umzulegen. Dahinter steht eine alte Mauer, die abgerissen werden muss, um Platz für Container zu schaffen. Der Baum ist nicht groß, aber zäh. Die Imbissfrau schickt den Imbissmann hinüber. Fass mal mit an, Frank. Ein Seil wird um die Astgabelung gelegt. Der Imbissmann zieht kräftig mit, ein Arbeiter sägt und sägt. Sieht alles ein bisschen nach Comedy aus. Der Baum fällt. Der Imbissmann reibt sich die Hände. Er trägt zwar einen maritimen Bart, stammt aber aus dem Erzgebirge. Hört man irgendwie, sieht man auch. Durch die Armee ist er nach Arkona gekommen, wegen der Frau ist er geblieben. Sie haben den Imbiss übernommen. Der Standort, sagt der Mann, ist genial.

Die alte Königstreppe führt 42 Meter hinunter bis zur Brandung, die zischt und schäumt, Wellen prallen auf Betonblöcke und Holzpfähle, vom Salzwasser erbarmungswürdig ausgehöhlt. Südlich liegt Vitt, ein altes Fischerdorf, auf einer Anhöhe über dem Dorf ließ Kosegarten eine Kapelle mit vielen Fenstern errichten, von da konnte man erkennen, wenn die Heringszüge endlich aufkreuzten und das Meer versilberten. Wurden die Fische während der Predigt gesichtet, war es mit der Andacht vorbei.

Aufgeregte Leute haben am Strand eine Ostsee-Kegelrobbe gesehen. Dort, am Felsen, wo das Wasser aufschäumt. Tatsächlich: Plötzlich wälzt sich das Tier aus dem Wasser auf

Der Blick über die reetgedeckten Häuser des denkmalgeschützten Fischerdörfchens Vitt reicht bis zum Kap Arkona mit dem ehemaligen Marinepeilturm

einen glatten Stein, die Augen geschlossen, die Barthaare sträuben sich wie Fischgräten auswärts, die Flossen umklammern den Stein, die Kreatur richtet sich auf, versucht, weiterzukommen, hat Mühe, die Bewegung von Flossen und Schwanz zu koordinieren, erreicht den weißen, steinigen Sand, aber was soll sie da?

Von hier sieht man die Dächer von Vitt. Kleine weiße Häuser, herabgezogenes Reet. Die Wirtin im „Goldenen Anker" wird von der Geschichte mit der gestrandeten Robbe aufgeschreckt und ruft die Fischer an, die werden schon wissen, was man da macht.

Auf dem Berg über dem Dorf steht Kosegartens Kapelle, weiß gekalkt, achteckig, mit einem erstaunlich großen Innenraum, der sakrale Festlichkeit ausstrahlt. An der Wand ein Gemälde des Italieners Gabriele Mucchi, es zeigt Fischer am Strand, eine Frau, deren Haar wie eine Fahne vom Kopf wegsteht, alle sehen mit erstarrten Gesichtern zu, wie der heilige Christophorus ein Jesuskind durch den Sturm trägt. Das Bild ist voller Unwahrscheinlichkeiten, aber eins ist nicht zu leugnen. Es zeigt, wie ein Wunder geschieht: Einer muss es tun. □

Freidenker mit Schnapsideen

Von wegen weiße Villen – Rügen kann auch anders: Ummanz ist die Insel der Eigenwilligen, unberührt von Schnickschnack und Ferienchic

Westrügen ist der flache, meerferne, unspektakuläre Teil der Insel, das Rügen der Rüganer. Hier findet der Einheimische die unberührten Weiten, die er braucht. Und Landzungen, Sandhaken und Boddenbuchten. Zur Gemeinde Ummanz gehören neben der rund 20 Quadratkilometer großen gleichnamigen Insel auch die Halbinsel Lieschow und einige vorgelagerte, winzige Eilande, die unter Naturschutz stehen.

Zwischen kleinen Weilern, die Rattelvitz, Klucksevitz oder Pansevitz heißen, liegt das Zentrum Westrügens: Gingst. Auch nur ein Dorf, aber auf dem Marktplatz fühlt sich der Besucher wie in einer Kleinstadt, Heimatgefühle zwischen St. Jacobikirche und einer Doppelreihe kleiner Läden: Modeboutique, Rosarium, Dorfkrug, Buchhandlung „Pyramide“ und „Töpferei und feinste Regionalwaren“.

Hier zwischen Rügener Käse, Gelees und grober Schafwolle im linken und Keramiken im rechten Teil des Raums steht ein hochaufgeschossener, ewig junger Mann mit großen Zähnen. „In und um Gingst tut sich was“, sagt Lothar Seewald überzeugt. Er nennt die Museumsmacher der „Historischen Handwerkerstuben“ mit ihrer einmaligen Fingerhutschau, die Buchbinder am Ort, die Sanddornhexe Silke Stephan in Klein Kubitz, die Kinder- und Hochzeitsprogramme gestaltet und manch andere, die Lust haben, die stille Gegend zu beleben. Seewald stammt aus dem Nordschwarzwald, entdeckte Rügen und die Töpferin Roswitha Burgmann für sich, gemeinsamer Laden, gemeinsames Kind. Im Schaufenster stehen schlanke Tongestalten, Seewalds Frau hat sie erfunden. Die sind das Gegenstück zum Gartenzwerg, sagt Seewald heiter, das sind so richtige Wesen, Königinnen und Frolleins.

Sensationen sind anderswo, hier ist die Weite. Flächen, Linien, Winkel, Farben. Hinter einer langen Brücke beginnt Ummanz, die Insel, auf der man Weltenden finden kann. Schon in Waase glaubt man, die letzte Kirche der Welt, den letzten Friedhof, den letzten Hafen zu erblicken. Ein Schwan hockt dort reglos auf dem Wasser. Was geht in solchen Tieren vor?

Die Kirche zu Waase ist klein, berühmt, ohne Turm. Ihr Schatz ist der spätgotische Schnitzaltar, an sich zu groß für ein Kirchlein auf einer abgelegenen Wieseninsel. Das Kunstwerk erzählt die letzten Szenen im irdischen Leben Jesu, Kreuztragung, Kreuzigung. Der untere Teil schildert die Geschichte des Heiligen Thomas Becket von Canterbury, der sich als Erzbischof Heinrich II. entgegenstellte und deshalb von gedungenen Mördern getötet wurde. Auf einigen Bildtafeln finden sich Denksprüche, zum Beispiel ein solcher: „Mensch, stell doch dein Hoffahrt ein! Dein Bett ein Brett im Grab muss sein!"

Die Insel Ummanz muss den Spott ertragen, dass ihr höchster Berg 2,20 Meter hoch ist. Aber auf jedem der abgelegenen Gehöfte kann hier ein Wunder warten. Rainer Hessenius' Destillerie auf einem Hof in Lieschow etwa war so eine wunderbare Schnapsidee. Als sein Kumpel die Apfelbäume auf der Wiese sah, wollte er Most herstellen. Dann mach ich Schnaps, sagte Hessenius, so fing es an. Der Nase des versierten Küchenmeisters blieben die besonderen Aromen des traditionsreichen Rügener Obstes nicht verborgen. Aus der Schnapsidee wurde Leidenschaft. Hessenius' Brände aus der „Ersten Edeldestillerie Rügen“ müssen keine Konkurrenz fürchten. Die Jungs sind alle gut, sagt er über die Mitbewerber. Aber wir haben das bessere Obst. Dahinter drei Ausrufezeichen. Der Ostwestfale fühlt sich hier zu Haus, wird zu Geburtstagen eingeladen und bekocht Volksfeste, auf denen man auch ein Schnäpschen trinkt.

Aber es wird nicht nur Schnaps gemacht im Westen Rügens: Bauer Lange in Lieschow und Bauer Kliewe in Mursewiek perfektionieren den Familienurlaub auf ihren schönen Bauernhöfen. Kinder wollen immer zu McDonald's, sagt Kliewe, aber nicht, weil's so gut schmeckt, sondern weil sie da spielen können und ein Geschenk bekommen. Auf seinem Bauernhof geht das auch. Bauer Kliewe zeigt den Kindertisch, die Streicheltiere, Tretautos.

Das Wort „Bauer“ wird in der Region wie ein Ehrentitel verwendet. Wo Bauer draufsteht, steckt immer was Gutes drin. Die dünn besiedelte Gemeinde Ummanz ist ein Experimentierfeld für Kreative. Sie haben Platz, sitzen auf ihren Grundstücken und sortieren die Ideen. – Die Weite macht's, die Köpfe sind frei. □

Ein Schatz auf der einsamen Insel: Der spätgotische Schnitzaltar in der mittelalterlichen Kirche von Waase entstand um 1520 in Antwerpen

Herrliche Boddenlandschaften prägen die Menschen in Westrügen. Die Weite befreit, findet Rainer Hessenius (li.), der in Lieschow seine Edeldestillerie ins Leben rief. Auch Töpferin Roswitha Burgmann lässt sich von der Stille inspirieren. Gemeinsam mit ihrem Mann Lothar Seewald führt sie einen kunterbunten Laden in Gingst

Foto: H & D Zielske

Sie ist romantisch und gefährlich, uralt und doch vergänglich: An Jasmunds Kreideküste zeigt die Natur ihre Gewalt und volle Pracht

Abgrundtief schön

Leuchtend weiß ragt die Steilküste der Halbinsel Jasmund empor. Am Fuß der Kreidefelsen schimmert die Ostsee in fast tropischem Grün

Abstieg zum Meer. Die steile Treppe in Lohme betritt jeder auf eigene Gefahr. Auf halber Höhe taucht unerwartet eine Bronzeplastik auf, Wieland Förster, „Großer Einblick I". Man kann ihr einiges abgewinnen, wenn man sie erotisch interpretiert. Daneben Oasen von unschuldigen Schneeglöckchen. Noch ist die Treppe neu, aus soliden Holzbohlen gezimmert, aber schon haben Sturm und Regen an ihr genagt. Hier wird man nie Ruhe haben, *nach* der Fertigstellung ist immer auch *vor* der Reparatur.

Unten liegt der Yachthafen in beschaulicher Anmut, von zwei langen Bootsstegen eingeschlossen und durch einen Wall aus Felsbrocken vom Meer abgeschirmt. Zwischen den Stegen sind in einer Doppelreihe Pflöcke in den Meeresboden gerammt, an welche die Segler ihre Boote anseilen.

Was kann romantischer sein, als ein in Andacht versunkener Hafen im Winter! Was bunter als ein ebensolcher Hafen im Sommer. Über 50 strammstehende Pfähle, sie wirken wie eine multiple Sonnenuhr, die auf der trügerisch glatten Wasserfläche die wichtigsten Zeiten der Welt anzeigt. „Lost in the Harbour", singt Tom Waits; zwischen Festland und Meer fühlen wir uns gleichzeitig verloren und herausgefordert.

An einem Februartag vor 50 Jahren sind hier drei Jungs aus einem Kinderheim aufs Eis gegangen, das sie bei einem plötzlich ausbrechenden Sturm nicht halten konnte. Sie flüchteten sich auf den Schwanenstein, der,

Schöne Aussicht am Ende des Tages: Sundowner auf der Terrasse des Panoramahotels in Lohme

nicht weit vom Ufer, wie ein erstarrtes Tier aus dem Wasser herauslugt. Im Orkan war das Festland für die Kinder unerreichbar. Rettungsmannschaften agierten ohne Erfolg, Panzer aus Prora blieben in Schneewehen stecken. Am nächsten Tag schien die Sonne auf eine grausige Szenerie, die Kinder waren an den Stein gefroren. Tot wurden sie geborgen. Man mag es nicht glauben, wenn man sieht, wie nah der Schwanenstein am Ufer liegt.

Peter Müller hebt die Schultern. Das sind die Geschichten, die man mit sich herumträgt, wenn man hier aufgewachsen ist. Der Fischersohn aus Lohme hat nie daran gedacht, selbst Fischer zu werden. Als Kind hat er dem Vater geholfen. Die Arbeit war nicht mal extrem schwer, aber er fror an den Netzen so erbärmlich, dass es ihn in dem Moment, wo er davon erzählt, noch immer schüttelt. So ist aus

Rügens feinstes Farbenspiel: das Grün der Stubnitz, weiße Felsen, blaues Meer

Zum Nationalpark Jasmund gehört neben Wald und Fels auch Wasser: ein 500 Meter breiter Streifen Ostsee entlang der Kreideküste, die sich von Sassnitz bis Lohme zieht

dem Fischersohn nach ein paar Umwegen der Steinmüller geworden. Er schaffte sich spezielle Bohr- und Schleifmaschinen an und suchte die Strände nach Steinen ab, die seine Phantasie animierten. Er ist der Mann mit den langen schwarzen Hippiehaaren, der am Strand entlanggeht und unter Millionen Steinen der Halbinsel Jasmund nach seinen Steinen sucht. Irgendwo zwischen dem berühmten Königsstuhl und den ebenso berühmten Wissower Klinken, Steine, die das Meer vorgeschliffen hat, Basalte, Porphyre, Granite, Feuersteine. Wenn man so will, setzt er die Arbeit des Meeres fort. Irgendwann fiel Müller auf, dass er sogar banalen Glasscherben Ausdruck verleihen kann. Dass er sich von Zeugs, das nur so herumliegt, inspirieren lassen und etwas herstellen kann, das ihm sein Einkommen sichert: Ketten, Kettenanhänger, Ringe, zusammensetzbare Herzen (hoher Symbolwert!), Knöpfe und Öllampen. Die glatten Flächen, die satten Farben. Die Urform des Steins, so wie er ihn am Meer findet, bleibt erhalten, sie souffliert ihm die Idee; so

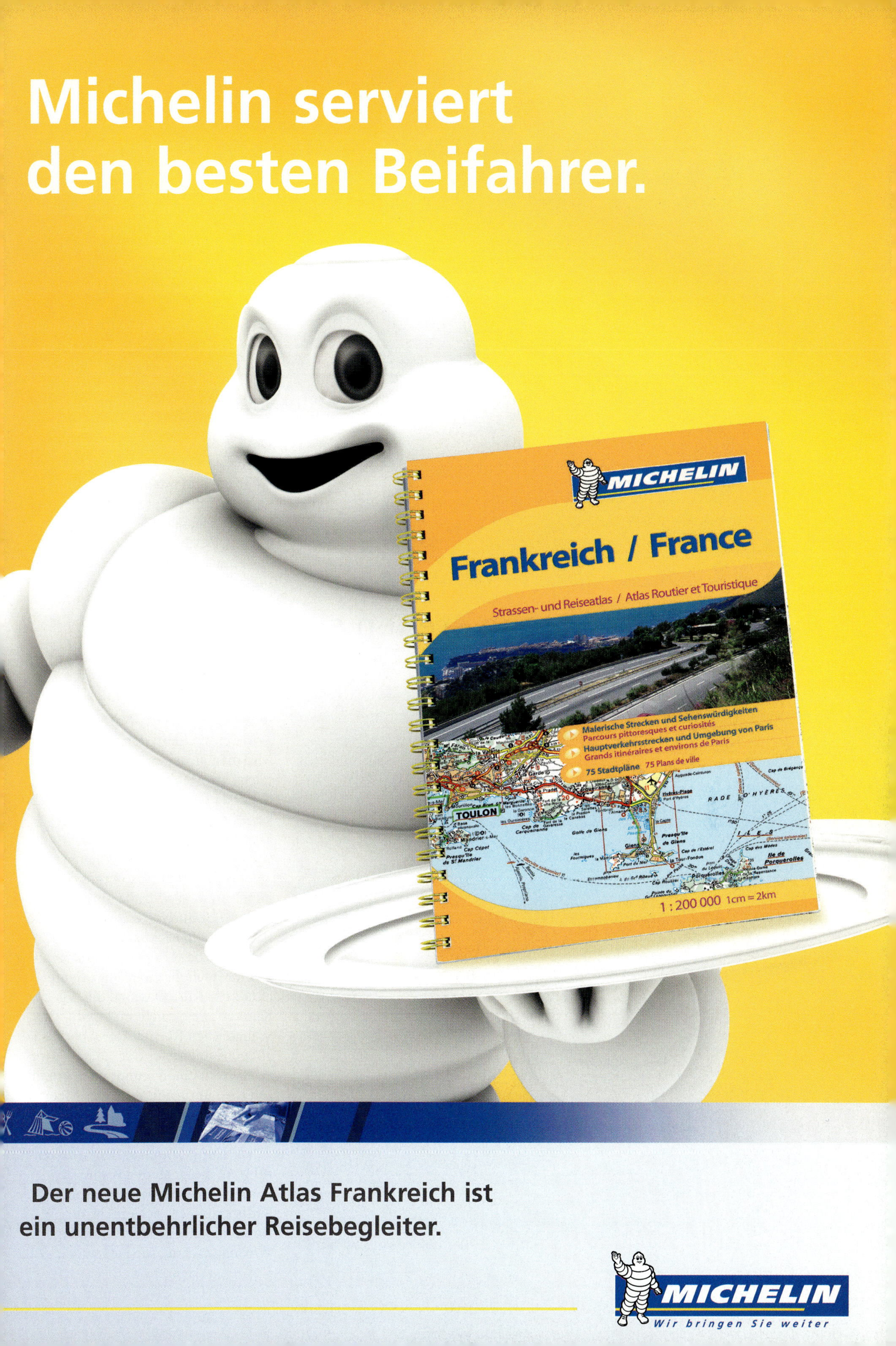
Michelin serviert
den besten Beifahrer.
MICHELIN
Frankreich / France
Strassen- und Reiseatlas / Atlas Routier et Touristique
Malerische Strecken und Sehenswürdigkeiten
Parcours pittoresques et curiosités
Hauptverkehrsstrecken und Umgebung von Paris
Grands itinéraires et environs de Paris
75 Stadtpläne 75 Plans de ville
TOULON
1 : 200 000 1cm = 2km
Der neue Michelin Atlas Frankreich ist
ein unentbehrlicher Reisebegleiter.
MICHELIN
Wir bringen Sie weiter

Steinschleifer Peter Müller lebt von dem, was er am Strand findet: Aus Graniten, Feuersteinen oder Scherben formt er Anhänger und Handschmeichler

erweitert sich sein Programm Stück für Stück, eigentlich ein genialer Job, aber so würde Peter Müller in seiner Steinmanufaktur am Hochufer über dem Yachthafen von Lohme nie reden. Wer immer mal wieder mit den Naturgewalten konfrontiert ist, gewöhnt sich an, mit leiser Stimme zu sprechen.

Direkt an der Kante des Hochufers steht ein helles Gebäude, die Rehabilitationseinrichtung des Diakonievereins, im Volksmund Trinkerheim genannt. Im März 2005 stürzten hier 100000 Kubikmeter Erdreich ab. Das bis dahin in sicherer Ortslage befindliche Haus stand über Nacht am Abgrund und musste schnellstens evakuiert werden. Auf halber Höhe breitet sich ein schäbiger Schutthaufen aus, Reste eines Malerhauses, das einige Jahre zuvor im Sturm zusammenfiel. Alles bleibt liegen,

Nur Hartgesottene stehen seelenruhig an der steilen Kante zwischen Land und Meer

Majestätisch erhebt sich der Königsstuhl 118 Meter über dem Meeresspiegel. Die 300 Jahre alte Aussichtsplattform hoch oben bietet grandiose Sicht über die See

merkwürdige Denkmäler, die Kehrseite vom Glanz der Natur.

In den Wäldern der Stubnitz wird man nicht gewahr, dass man haarscharf am Meer vorbeifährt. Man denkt an Rübezahl, nicht an Störtebeker. Kurz vor Sassnitz führt ein konvex gepflasterter Weg ans Meer, wie gemacht, um Autos von unten aufzureißen. Am Restaurant „Waldhalle“ endet die Straße. Es geht zu Fuß weiter durch Regen und bei apokalyptischem Licht zur Steilküste. Am Rand des Ufers steht ein Mann. Mit melancholischem Blick deutet er auf das Kliff. Das sind die Wissower Klinken, die es nicht mehr gibt. Das Wahrzeichen Rügens. Der Abbruch von 50000 Kubikmeter Kreide im Februar 2005 hat einen immer noch grandiosen Rest übrig gelassen. Das Meer weist am Fuß der Kreidefelsen eine magische Grünfärbung auf.

Nur Hartgesottene können seelenruhig an dieser steilen Kante stehen. An einen anderen Felsen des Kliffs klammert sich ein dürrer Baum in aufregender Schräglage. Wie lange schon, wie lange noch. □

Der Koloss regt

Einst als KdF-Bad von den Nazis erbaut, stand Prora nie unter einem guten Stern. Besatzer kamen und gingen, Investoren auch. Jetzt gibt es neue Pläne.

Text: Judka Strittmatter

Schon immer wohnte hier der Traum vom Glück. Von braungebrannten Eltern, von herumtollenden Kindern, von Kleckerburgen und Eis am Stiel. Ist ja alles dafür da: weißer Prachtstrand, windgebogene Kiefernstämme, ein wildfröhliches Meer. Ein Setting, schöner als mancher Karibikwinkel. Trotzdem wurde Prora nie ein Ort des Glücks. Bis heute nicht. Wird er in Zukunft einer sein?

Irgendwie wollte ihn nie einer so recht haben – den „Koloss von Rügen", einen 4,5 Kilometer langen Betonriegel am Prorer Wiek mit unschöner Vergangenheit. Mal sollte er Jugendbegegnungsstätte werden, mal Sporthotel, mal sorgte man sich um seine Zukunft, mal sah man erst gar keine für ihn. Sechs Jahre lang, zwischen 1993 und 1999, hatte wenigstens die größte Jugendherberge Europas Fuß gefasst, ihr Mietvertrag wurde nicht verlängert. Zu Spekulation schrumpften viele Nachrichten herab, und immer wieder trollten sich anfänglich Euphorisierte: zu teuer die Renovierungskosten, zu endlos bürokratische Hindernisse und Wartefristen. Und wann immer ein Tourismusmanager wieder verlauten ließ, dass ihm beim Anblick Proras eine Hotelverwertung in den Sinn kommt, schwappten Empörungsstürme aus dem benachbarten Binz herüber.

In schlechten Jahren war es Futterneid, in guten Jahren Überfüllungsangst: Prora-Urlauber, so die Befürchtung Binzer Bürger, könnten ihr gediegenes Bad und dessen Promenade überschwemmen. Dabei muss man nur die Geschichte beider Standorte vergleichen, um den Attraktivitätsfaktor beim Urlauber auszuloten: Binz, der schnieke Ferienort mit weiß glitzernder Zuckerbäcker-Architektur, Rasendem Roland und Freizeitpark-Anbindung, Prora, das verlotterte Kraft-durch-Freude-Bad der Nazis in Plattenbauoptik, das später, in der DDR, Truppenhochburg der NVA wurde. So viel schlechtes Karma lockt höchstens Geschichtsfreaks oder Low-Budget-Touristen an.

Jetzt ist mal wieder Rettung nah, sogar von prominenter Seite und schon abgenickt durch offizielle Stellen. Ulrich Busch, Sohn des sozialistischen Liedermachers Ernst Busch und Immobilienmakler, hat 2006, zusammen mit seinem Partner Dieter Zeuke, in Prora gekauft – Block I und II. Auch deshalb, so konnte man seinerzeit in der Boulevardpresse lesen, weil schon sein Vater gegen die Faschisten gekämpft habe. Eine Aversion gegen Ferien in Nazi-Bauten wedelte sein Partner mit leichter Hand vom Tisch: Die Menschen gingen, so sein Einwand, doch auch gern ins Olympiastadion in Berlin. Werden nun doch endlich Urlauber eine Ferien-, Miet- oder Eigentumswohnung hier beziehen? Wird endgültig veritables Leben nisten in zweien der fünf schmucklosen und bröselnden Blöcke im Hinterland von Binz? In der Bundesanstalt für Immobilienaufgaben in Rostock ist man zuversichtlich: „Der Haushaltsausschuss des Bundestages hat den Verkauf bestätigt", sagt Raymund Karg, „nun wird der Bebauungsplan erstellt."

»Kraft durch Freude« Seebad Rügen in einer Werbung der NS-Organisation »Deutsche Arbeitsfront« 1938

sich

Sechs Stockwerke hoch und unglaubliche 4,5 Kilometer lang – so steht Prora seit rund 70 Jahren an der Ostküste Rügens. In den rund 10 000 Zimmern, jeweils 12,5 Quadratmeter groß, sollten Hitlers Arbeiter urlauben; später beherbergte der Betongigant Sowjetarmee, Volkspolizei und NVA

Einst konzipiert als „Seebad der 20000" hatte jeder Block Proras etwa 1250 Räume. Grundsteinlegung war 1936 und der Name des Architekten Programm: Klotz, Clemens Klotz. In den 12,5 Quadratmeter großen Wohnwaben sollten „geplagte Mütter und minderbemittelte Volksgenossen" sich von den Strapazen des Alltags erholen, wobei „minderbemittelt" sich auf deren Finanzreserven bezog. **Zwei Betten, eine Sitzecke, ein Schrank, ein Handwaschbecken waren als Ausstattung geplant.** Badestuben im Treppenflur und Lautsprecher in jeder Einheit. Sogar Europas erste Wellenbäder sollten hier entstehen. Mit Kriegsbeginn wurden die Bauarbeiter nach Peenemünde abbeordert, später mussten Zwangsarbeiter den Rohbau mit Dächern versehen, 1943 schließlich kamen die Baurbeiten komplett zum Erliegen. Während des Krieges wurden in Prora Luftwaffenhelferinnen ausgebildet, das Urlaubsdomizil war Lazarett und kurzfristig Bleibe für ausgebombte Hamburger. Nach Kriegsende zogen die Sowjetarmisten in die Wohnschlange ein, ab 1951 bauten Soldaten für die Kasernierte Volkspolizei den Koloss zu einem Kasernenkomplex aus – mit einem Erholungsheim für Offiziere. Nach der Wende blieb das Gelände zunächst Sperrgebiet und fiel für kurze Zeit an die Bundeswehr. Seit 1993 glotzte Prora dumpf aus toten Augen, wurde aber 1994 zum Baudenkmal ernannt. Damit abgewendet: der Totalabriss.

Die ersten Handschläge sind getan. Und weitere Pläne auch geschmiedet: Während Block IV weiter dem Verfall entgegendümpelt, möchte der Landkreis in Block V eine Jugendherberge etablieren. Mit angeschlossenem Campingplatz. Im April war Spatenstich, im Sommer sollen erste Outdoor-Fans ihre Heringe im Inselsand verbuddeln dürfen. Für Bauamtsleiter Rainer Roloff die Fortsetzung einer langen Hoffnung, wenn nicht sogar der Beginn einer neuen Ära: „Wenn alles gut geht, können wir hier der Jugendmittelpunkt Deutschlands werden". Block III, bis vor kurzem noch belebtes Mittelrumpfstück des Komplexes und Herberge für Museen, Ateliers und Kulturcafés, muss leergezogen oder umgesiedelt werden. Die Käuferin, die umstrittene Inselbogen GmbH, will „Einrichtungen für Jugend, Sport, Kultur und Soziales sowie besondere Beherbergungseinrichtungen für Alleinerziehende, Behinderte und ältere Menschen schaffen". Hört sich nach Urlaub für die Unterschicht an, wird im Ort gelästert.

40 Millionen Euro sollen dafür investiert werden, Busch und sein Partner sprechen im Falle ihrer Stahlbetonblöcke I und II jeweils von 20 Millionen. Und 540 neuen Wohnungen. Vor allem aber: von Balkons! Die fehlten in der Wohnschlange schon immer. Doch ob diese Frischluftoasen wirklich kommen, wird sich zeigen. „Die Flächen dort", sagt Rainer Roloff, erst jüngst wieder vor Ort in Prora, „können einen schon erschlagen!" Und kann doch sein, dass sich auch die neuen Inhaber kräftig die Zähne ausbeißen am Koloss von Rügen: „Wer hier was werden will, muss viel Geld in die Hand nehmen!" □

Früher war Stralsund reich und mächtig. Dann verfiel die Pracht. Heute ist die Stadt Weltkulturerbe – und weit mehr als ein Freiluftmuseum für Backsteinfreunde

Text: Christian Sywottek, Fotos: Marc-Oliver Schulz

STRAhLENdE PERlE AM SUnD

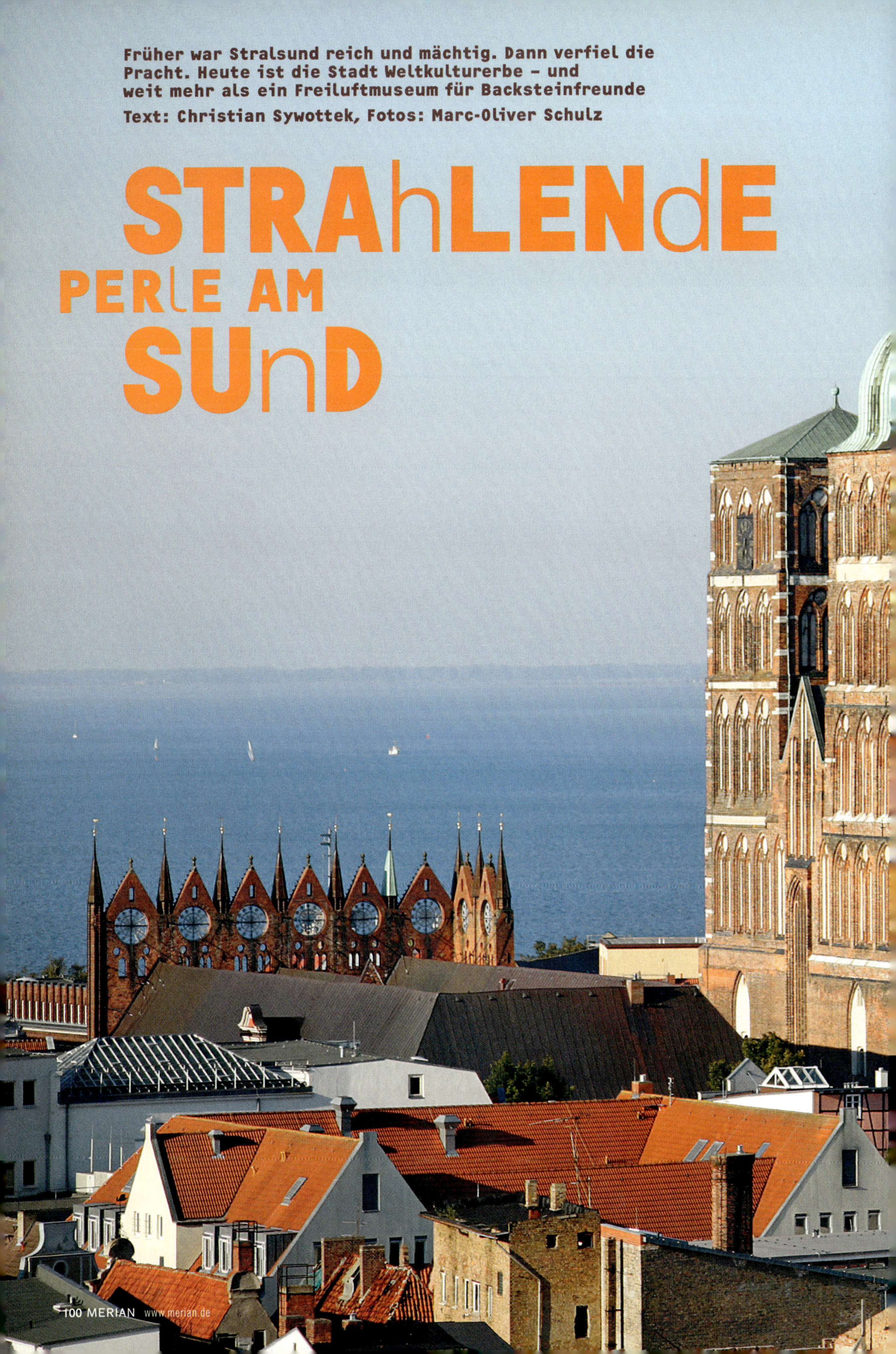

Stralsund, das Tor zu Rügen: Die Nikolaikirche erhebt sich aus dem Dächermeer und blickt über den Strelasund zur Insel. Wer dorthin will, kommt kaum an der Hansestadt vorbei – und das ist auch gut so, die Altstadt ist ein Erlebnis

Zum Schutz vor Feinden stauten die Stralsunder vor rund 700 Jahren Teiche und Sümpfe. Das Panorama der Altstadtinsel prägen die mächtigen gotischen Backsteinbasiliken St. Marien (vorn), St. Jacobi (rechts) und St. Nikolai

EINE STADT WIRD ZUR INSEL

Foto: Jochen Knobloch

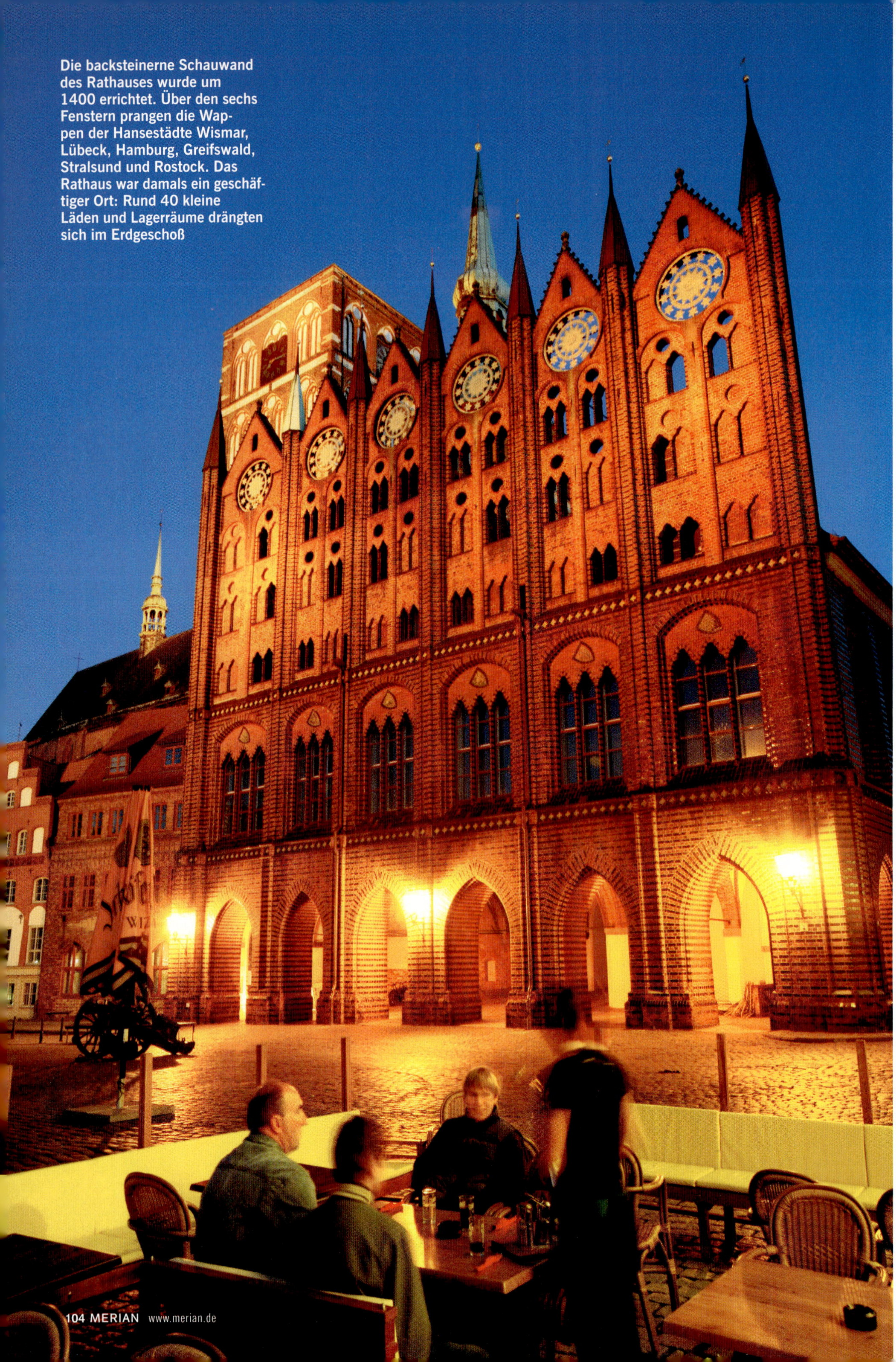

Die backsteinerne Schauwand des Rathauses wurde um 1400 errichtet. Über den sechs Fenstern prangen die Wappen der Hansestädte Wismar, Lübeck, Hamburg, Greifswald, Stralsund und Rostock. Das Rathaus war damals ein geschäftiger Ort: Rund 40 kleine Läden und Lagerräume drängten sich im Erdgeschoß

Die hölzerne Hofgalerie im Rathausinneren wurde nach dem Brand von 1680 errichtet. Der lang gestreckte, lichtdurchflutete Raum vermittelt eine fast mediterrane Stimmung

DER HANSE GLANZ UND ELEGANZ

Wo die Stadt endet und das Reich des Herings beginnt, wo die Luft feuchtbrackig die Schleimhäute netzt und die Kaikräne ins Ohr klingeln, wo der Blick weit und die Augen der Frühaufsteher noch klein sind, da steht ein dicker Mann im Rauch, schon morgens um 7.30 Uhr. Das Boot unter seinen Gummistiefeln schwankt, der Rauch macht ihm die Augen blank, dringt in seine blonden Haare und in den Stoff des blauen Overalls. Er wird ihn niemals los, diesen Stralsunder Duft aus Erle, Buche und Holunder, aus Aal, Hecht und Heilbutt. Langsam bräunen die Fische in seinem Räucherofen, auf seinem mit blauer Persenning überspannten Boot, dort im Stadthafen von Stralsund, neben den Kanälen und den roten Backsteinspeichern, am Strelasund, der die Stadt wie ein braungrün schäumender Pinselstrich von der Insel Rügen trennt.

An jedem Morgen ein kleines Schauspiel, in der immergleichen Besetzung: Paul Hübner, der Fisch, die Stadt, der Sund. Auf der Kaimauer vor der schwankenden Bühne ziehen so früh am Morgen statt der Touristen Stralsunder Rentner vorbei, gucken und kaufen: Barsch für zwei Euro das Kilo, Hecht kostet fünf Euro. „Hering ist noch nicht soweit", ruft Paul Hübner, Fischer im Strelasund seit 1964. Im Frühjahr erst ziehen die Heringe durch den Sund hin zum Greifswalder Bodden, zum Laichen. Dann stehen die Angler Schulter an Schulter auf der Nordmole und auf dem Rügendamm, dann hocken sie in hunderten Booten im Sund, hauen die Ruten ins Wasser – da braucht es nicht mal einen Köder.

Paul Hübner hackt krachend Holz auf der Kaimauer, hängt Fisch in den Rauch. „Der Winter ist eine gute Zeit", sagt er. Nicht nur, weil ihm dann die Hobbyangler nicht den Weg versperren. „Im Winter, da kommen die Stralsunder zu mir", meint Hübner. „je kälter es ist, desto mehr Hunger haben sie." Und auch winters, wenn die Luft mitunter besonders klar ist, schenkt ihm seine Stadt die Bilder, die er liebt. „Wenn ich nach Norden rausfahre, steht die Sonne genau über der Kirchturmspitze, davor die Netze und das Boot, und später brennen die Speicher in der Abendsonne, die Fenster glühen. Das kriegt ja sonst keiner mit."

Stralsunds schönste Seite zeigt sich vom Wasser aus, sagen die Stralsunder. Ja, meint dazu auch Karl-Heinz Halweg, der Kapitän der MS „Altefähr", in der zögerlichen, ungeschwätzigen Art der Pommern. Seit acht Jahren treibt er seine weißstählerne Fähre tagtäglich hin und her zwischen Stralsund und Rügen. Er kann sich noch immer nicht satt sehen an diesem Panorama aus weltlicher und geistlicher Macht, aus Segelbooten, Kanälen und Hafenkneipen, und den Frachtern, die Holz, Getreide oder Stahl nach Stralsund bringen. Und dann schubbert er seine „Altefähr" hauchzart zurück an den Kai. „Die Kirchen und all das", sagt er zum Abschied, „das haben wir nur der Seefahrt zu verdanken, das darf man nicht vergessen."

All das zeigt sich nur allmählich den Augen des Besuchers, wenn er wackligen Fußes vom Hafen in die Stadt emporsteigt, über kippliges Pflaster, dessen Kopfsteine in der Sonne glänzen wie goldene Pailletten. Gerade noch überzog Regen die Häuser und Straßen mit Lack, und nun schimmert eine fast vergessene Welt. Die Welt der Hanse, dieses mächtigen, mittelalterlichen Städtebundes. Wer Stralsund betritt, meint zuweilen, da hätte einer die Zeit angehalten und eine rote Perle ans Meer gelegt, eingefasst von grün und blau schimmerndem Wasser.

Wie unberührt ziehen sich krumme Straßen durch die Altstadt, gesäumt von Backsteinhäusern, die ihre verzierten Giebel in den Himmel stoßen. Das ist nicht niedlich-altertümlich, das ist Stein gewordener Stolz, bis zu fünf Stockwerke hoch. Wo die Leute heute Kaffee trinken, Teller töpfern, Hosen verkaufen, packten früher Stralsunder Heringshändler und Bierbrauer ihre Geldbeutel auf dicke Holztische und verstauten die Waren in den Speichergeschossen über ihren Köpfen. So mächtig waren sie, dass die Lübecker Konkurrenz – 1249, bevor sie hanseatische Manieren hatten – die Stadt niederbrannte. Die Stralsunder bauten ihre Stadt wieder auf, aus Backstein diesmal, und zur Abwehr stauten sie das viele Wasser rund um die Stadt und begaben sich in sichere Isolation.

Die Hanse ist längst Geschichte, doch die Backsteine widerstehen den Herbstnebeln und dem feuchtsalzigen Wind. Die Steine ziehen Besucher an, und doch locken sie die Fremden mitunter auf falsche Fährten. „Die Leute gehen ins Meeresmuseum, haken anschließend das Rathaus ab, und dann geht's ab nach Rügen", stöhnt Harry Hardenberg. „Aber wer die Stadt erfahren will, muss wandern."

Der Fotograf Harry Hardenberg, geboren 1935 unten am Hafen, wandert seit 50 Jahren durch seine Stadt – ein kleiner Mann in Windjacke auf rutschigem Stein. „Zuerst wird man von den mächtigen Kirchen erschlagen", sagt er, „aber Stralsund ist keine vordergründige Stadt." Ein kurzer Blick etwa in die Frankenstraße verheißt nichts Besonderes – nur wer sie durchstreift, entdeckt den roten Schimmer der Stadt, riecht Jahrhunderte altes Holz aus offenen Kaufmannshäusern, spürt an den eigenen Füßen, wie die Altvorderen schmerzvoll übers Buckelpflaster wackeln mussten. „Man darf sich nicht ins Bockshorn jagen lassen", sagt Hardenberg und lacht, „bei uns sind nicht alle Straßen komplett picobello, aber es gibt viele Ecken, die man gesehen haben muss."

Hardenberg wandert die Sundpromenade entlang, schaut den Schwänen zu, lauscht den Wellen. Knallgelbe Blätter fallen von Lindenbäumen auf seinen Kopf. Er biegt ein ins Heilgeistkloster, da ganz hinten in einer Ecke am Hafen. Hinter roten Mauern pressen sich rosa Fachwerkhäuschen aneinander, umrankt von wilden Rosen. Kinder spielen Basketball, die Alten plauschen auf einer Bank. Hier modert nicht alter Stein, er birgt neues Leben. Hardenberg steht mittendrin, seine Augen leuchten. Er braucht nichts mehr zu sagen.

Die Stralsunder haben ihrer Altstadt neues Leben eingehaucht, diesem Steinhaufen, den die DDR als Kadaver hinterließ, scheinbar verendet an den

DIE STADT IST EINE QUELLE DER PHANTASIE

Aufgetaucht: Aus Neuseelands Tiefsee in die Vitrine. Der sechs Meter lange Riesenkalmar wurde im Deutschen Meeresmuseum zum Blickfang präpariert

Wunden, die die Zeit schlug. Abriss durch Verwahrlosung. 40 Jahre lang sprengten Regen und Sturm die zugigen Häuser und peinigte ihre Bewohner, die in die Plattenbauten am Stadtrand flohen. Lebten vor dem Krieg 18 000 Menschen in der Altstadt, waren es zu DDR-Zeiten um die 8000. Zwischendrin ein paar Idealisten, die wussten, welchen Schatz sie bewohnten. Haus für Haus haben sie ihn aus den Trümmern wieder aufgebaut.

Rund 18 000 Einwohner verlor Stralsund nach der Wende, allein 5000 verließen die Altstadt. Inzwischen leben dort wieder 4500 Menschen, und Kinder spielen Verstecken in der Geschichte: Stralsund ist – in Gemeinsamkeit mit Wismar – seit 2002 Unesco-Weltkulturerbe.

Die Altstadt ist belebt. Nicht nur in der Ossenreyerstraße, der Haupteinkaufstrasse zwischen Neuem und Altem Markt, wo die Stralsunder gern Eis schleckend Schaufenster gucken, wo morgens um 9 Uhr Rentner auf Holzbänken ihre Rücken in die Sonne drehen. Wo es den ganzen Tag hin und her geht, Brötchen in der Hand, die Liebste am Arm, Wind im Ohr, Meeresduft in der Nase. In den Nebenstraßen, dort, wo tagsüber das Pflaster blinkt und nachts die schiefen Häuserfluchten scharfzackige Schatten werfen im gelben Funzellicht, wo die Schritte der Nachtschwärmer unheimliche Kratzgeräusche durch die Luft schicken, dort sind es Leute wie Henry Rasmus, 51, die voranmachen und somit Stralsund voranbringen. Rasmus war Schiffbauer, später versorgte er Schiffe mit Signallampen und Rettungsbooten. Seit 1997 macht Rasmus in Fisch – Gabelrollmöpse, Pfefferlappen, Bismarckheringe. Die kocht er ein in der Küche über seinem Fischgeschäft, per Hand, nach überliefertem Rezept. Er hätte auch fortgehen können. Rasmus sagt nur: „In finde meine Stadt schön. Wegziehen kommt überhaupt nicht in Frage. Schließlich hat schon mein Opa in den dreißiger Jahren am alten Rügendamm mitgebaut. Das ist eine Frage der Tradition."

Beharrlichkeit statt Größenwahn, dazu ein Blick für das, was ist, und nicht nur für das, was fehlt – so ticken die Altstädter. Vielleicht ist das der Grund, dass Stralsund wiederauferstanden ist. Den Stralsundern ist ihre Stadt nicht egal – und davon profitiert auch der Besucher. Er betritt kein Freiluftmuseum – er findet sich wieder in einem Experimentierfeld mit Läden und Kneipen, das sich immer wieder ändert. Früher bekam man in der Altstadt kaum ein vernünftiges Bier – heute muss man sich unter 70 Kneipen und Restaurants entscheiden.

Kneipier Norbert Wanitschke, 39, braune Hose, blauverwaschenes Hemd, ein Zopf aus dunklem Haar, führt den „Goldenen Löwen" und sitzt am liebsten auf der Terrasse seiner Gaststätte. „Ich gucke über den Alten Markt zum Rathaus. Der Platz ist wie ein Puppentheater, ganz für mich." Von hier sieht Wanitschke den Touristen zu, wie sie ihre Hälse recken, um die riesige Rathausfassade in den Sucher zu quetschen. Er beobachtet den Gemüsemann, der übers Pflaster hüpft, das so anders aussieht als der Rest vom Markt, weil im Krieg dort ein Feuerlöschteich war. Am Tag kreischen Kinder, am Abend trötet ein Saxophonspieler zum Steinerweichen. „Ich bin direkt am Leben dran", sagt Wanitschke, „es ist Kiezgefühl."

Er hat es sich selbst geschaffen. Auch Norbert Wanitschke hätte gehen können, der gelernte Zimmermann, damals nach der Wende. Statt dessen kaufte er in der Fährstraße ein altes Haus für billig und sanierte es mit eigenen Händen – zwei Jahre lang. „Es war Aufbruchstimmung", erinnert er sich. „Ich habe Chancen gesehen. Hier konnte man was anpacken, und genau das wollte ich – Leben in die Stadt bringen, und selber davon leben können."

Wie die Stadt, so Wanitzschke. Peu à peu ein Aufbau mit wenig Geld, aber

Aufgebaut: In der DDR verwahrloste die Altstadt. Heute sind nicht nur viele Fassaden wie die des Wulflamhauses von 1380 restauriert, es herrscht auch wieder Leben im Viertel

Henry Rasmus hat einen Fischhandel mit Räucherei in der Heilgeiststraße. Ist er gut drauf, verteilt er Kostproben seines nach einem Originalrezept von 1871 hergestellten Bismarckherings

Stralsunds Altstadt kann man gut zu Fuß erkunden. Die bedeutenden Sehenswürdigkeiten sind: ❶ Heilgeistkloster, ein mittelalterliches Spital mit kleinen Fachwerkhäusern ❷ Johanniskloster mit Barockbibliothek ❸ Marienkirche ❹ Nikolaikirche und Rathaus ❺ Jacobikirche ❻ Schiffercompagnie ❼ Deutsches Meeresmuseum (im ehemaligen Katharinenkloster) mit 45 Aquarien

WEGZIEHEN KOMMT NICHT IN FRAGE

viel Arbeit. Erst mit einer Kellerkneipe in der Fährstraße – einer urigen Höhle, in der das Guinness reichlich fließt. Später mit dem „Goldenen Löwen", den niemand haben wollte, weil das Haus ein hässlicher DDR-Betonplattenbau ist. Wanitschke lacht kurz und trocken: „Mir ist das egal. Man schaut ja schließlich heraus, und nicht drauf. Oder?"

So einfach kann das manchmal sein. Und so gerät der Stralsunder Stein ins Rollen. Inzwischen zieht die Stadt Menschen an, die suchen, was Norbert Wanitschke für sich schon gefunden hat. Einen Ort, an dem der Wind niemals aufhört zu wehen. An dem man Leben und Arbeiten unter ein Dach kriegt. Wo man einen Platz zum Leben findet, der nicht nur mit Geld zu bezahlen ist.

Es sind wenige Schritte am Markt entlang vom „Goldenen Löwen", vorbei am prächtigen gotischen Wulflam-Haus, zur Rats-Apotheke, diesem tiefgelben Haus mit dem pompösen Barockgiebel. Es ist 18.30 Uhr, Geschäftsschluss, und jetzt lässt es sich leicht beobachten, dieses Stralsunder Lebensgefühl, das die Menschen lockt. Apotheker Cramer tritt vor die Tür, blinzelt in die Abendsonne. Vom Rathaus tanzen seine beiden Kinder herüber, ungehindert von irgendwelchem Autoverkehr. Cramer winkt ihnen zu, steht eine Weile mit seiner Frau mitten auf dem Marktplatz, spielt mit den Kindern. Bekannte kommen vorbei. Grüße und Verabredungen. Dann schlendert Cramer zurück in sein gelbes Haus, in dem er auch wohnt.

Drinnen steigt Peter Cramer hinab in den Keller, zeigt auf den Hausbaum, einem menschendicken Baumstamm, der dem ganzen Haus Halt gibt. Der Baum steht hier seit etwa 1320. Der gebürtige Aachener Cramer hat ihn vom Bauschutt befreit, 1996, als er sich für Stralsund entschied. Er klopft an den eisenharten Stamm. „Ich stelle mir vor, was alles passiert ist in meinem Haus. Es ist das Gefühl, dass man etwas weitermacht, die Geschichte fortschreibt. Mit Stralsund ist es ganz genauso. Die Stadt mit ihren alten Backsteinen ist eine Quelle der Phantasie."

Er fühle sich frei hier, meint Cramer, das liebe er an Stralsund. Dass man nicht anonym lebe, sondern miterlebe, was um einen herum passiert. Cramer hat seinen Platz gefunden. Er will nie wieder weg. Er schließt seine Ladentür ab und ist zu Hause. Cramer steigt die Stufen hinauf in seine Wohnung.

Draußen begibt sich Stralsund langsam zur Ruhe. In den Geschäften verenden die Lichter, und die Stralsunder verschwinden füßescharrend in ihren Häusern. Man hört sie lachen, streiten, kochen – und mitunter lieben sie sich gleich nach Feierabend. Hier und da lässt sich ein Grüppchen die fischschuppenartigen Pflasterstraßen hinunter an den Hafen treiben. Fische springen dort hoch aus dem Wasser, fallen zurück und veranstalten ein Platschkonzert.

Weit führt die schmale Nordmole hinaus in den Strelasund. Die Sonne versinkt hinter der Stadt, färbt den Himmel rosa, und der Himmel spiegelt sich ebenso rosa im Wasser. Dazwischen wirkt die Stadt wie eingewickelt in zuckersüßes Präsentpapier. Wie ein Geschenk, das endlich ausgepackt werden will. □

Christian Sywottek *kennt Stralsund aus seiner Lehrzeit. Der heute in Köln lebende freie Journalist absolvierte in den 80er Jahren eine Ausbildung zum Schiffbauer auf der Volkswerft.*
Marc-Oliver Schulz, *freier Fotograf in Hamburg, war besonders vom Meeresmuseum angetan. „Mein Tipp, nicht nur für Regentage."*

Wohin treibt uns der Klimawandel?
Nachrichten bei n-tv: rund um die Uhr aktuell, immer zur vollen Stunde. Oder im Netz bei n-tv.de
Schärfen Sie Ihren Blick.
n-tv
Der Nachrichtensender

Bildnachweis

Anordnung im Layout: o=oben, u=unten, r=rechts l=links, m=Mitte.

Titel:Leo Seidel/Ostkreuz; S.3 l Michael Müller, ro Andrea Doberenz, rm Gerald Imhof S.4 M.-O. Schulz; S.6/7 Christian Bäck, S.6 m Bildarchiv Preußischer Kulturbesitz, S.6 u M.-O. Schulz, S.7 lm Georg Jung, rm Susanne Katzenberg, ru Gerald Hänel; S.10 G. Hänel; S.11 ol, or, ul Armin Kühne/aus Rügen im Wandel/ Edition Leipzig, lm Stadtarchiv Stralsund, rm Dennis Williamson; S.12 lo Kurverwaltung Ostseebad Sellin, u Jörg Böthling/agenda, S. 12/13 Robert Denier, S.13 m Rolf Reinicke, u entnommen aus der Holsteinische Tourist oder Wegweiser für Fußreisende in der Umgebung Hamburg, Hamburg 1833; S.14/15 H & D Zielske/Bilderberg; S.16/17 M.-O. Schulz; S.18/19 Robert Denier; S.20/21 FAN/Friedrichsmeier/Mendzigall; S.22/23 H & D Zielske/Bilderberg; S.24/25 M.-O. Schulz; S.26/27 Jahreszeitenverlag/Carsten Witte; S.28/29 H & D Zielske; S.30/31, 32/33 D. Williamson, S.31, 32 o,u, 34/35,36,37 Susanne Katzenberg; S.38 Christian Bäck; S.40/41 Frieder Blickle/Bilderberg; S.42/43 Ottmar Heinze; S.44/45 Johann Scheibner/Das Fotoarchiv, S.45 o Anne Schönharting/Ostkreuz, u; S.46 U.Walz/Arco Images; S.47 Angela Liebich; S.48 Michael Amme/laif;S.49 Ottmar Heinze; S.51 l v.o.n.u Ullstein Bild, r Fotogeschäft Löffler/Maya Löffler; S.52/53 H & D Zielske/Bilderberg; S.54 Christian Bruch/Visum; S.55 Bildarchiv Preußischer Kulturbesitz/Hermann Buresch/ Winterthur, Stiftung Reinhart; S.56 Herrmann Zschoche; S.57 Oslo, Nationalgalerie, Knut Øystein Nerdrum; S.58/59,60, 61 lo, ro, 65 lo D. Williamson; S.61 ru Bildarchiv Monheim; S.64/65 Karsten Bartel; S.65 ro Angela Liebich, lu Ulf Böttcher/ Bilderberg; S.66 Christian Bäck; S.68 bis 72 G. Hänel; S.74/75 Michael Engler/Bilderberg; S.76 o H & D Zielske/Bilderberg, u Georg Jung; S.77 o Klaus Ender, u, S, 78/79; S.80, 81, 85 o M.-O. Schulz; S.85 u Karsten Bartel; S.86/87 Robert Denier; S.89 o Ulf Boettcher/Bilderberg, lm M.-O. Schulz, lu, ru G. Hänel; S.90/91H & D Zielske/Bilderberg, S.92 o Gourmet Picture Guide, S.92 u Ulf Böttcher/Bilderberg; S.94 o G. Hänel, S.96, 97 Bernd Jonkmanns/laif; S.100/101, 104, 105, 106, 108 M.-O. Schulz; S.102/103 Jochen Knobloch; S.107 H&D Zielske/Bilderberg; S.111 D. Williamson; S.112/113 K. Ender; S.114 M.-O. Schulz; S.115 o Heinz Teufel, 115 u, 116 Robert Denier; S.117 K. Ender; S.118/119 M.-O. Schulz, S.118 u Ulf Böttcher/ Bilderberg; S,120/121 M.-O. Schulz; 122 o Gourmet Picture Guide, 123 Tina und Horst Herzig/look; S.124 im-jaich; S.126 o Ulf Böttcher, S. 127 M.-O. Schulz; 128/129 Hof Viervitz; S.130 Georg Jung; S.134 K. Ender, S.136 Jochen Knobloch; S.137 Georg Jung; S.138 l Bernd Ducke, ro Andreas Riedmiller, rm Heinz Peter Baader/AP/Pool Reuters, ru Lois Lemmerhuber

Den Königsstuhl, Rügens bekanntesten Kreidefelsen, fotografierte Leo Seidel

MERIAN

Heft 06/2007, Juni, Erstverkaufstag dieser Ausgabe ist der 24. 5. 2007
MERIAN erscheint monatlich im Jahreszeiten Verlag GmbH, Poßmoorweg 2, 22301 Hamburg
Telefon 040/27 17-0 **Anschrift der Redaktion:** Postfach 601728, 22217 Hamburg
Telefon 040/27 17-26 00, Fax 040/27 17-26 28, E-Mail: redaktion@merian.de
Leser-und Aboservice: Postfach 601220, 22212 Hamburg
Tel. 040/87 97 35 40, Fax 040/27 17-20 79
Syndication: www.jalag-syndication.de
GourmetPictureGuide: Stefanie Lüken, Telefon 040/27 17-20 02, Fax 040/27 17-20 89, www.gourmetpictureguide.de
Internet: www.merian.de

Herausgeber: Manfred Bissinger
Chefredakteur: Andreas Hallaschka
Art Directorin: Sabine Lehmann **Chef vom Dienst:** Tibor M. Ridegh
Redakteure: Roland Benn (freie Mitarbeit), Anja Haegele (freie Mitarbeit), Thorsten Kolle (freie Mitarbeit), Kathrin Sander, Charlotte von Saurma **Redakteur dieses Hefts:** Thorsten Kolle **Schlussredaktion:** Tibor M. Ridegh
Layout: Cornelia Böhling, Beke Jürgensen (freie Mitarbeit), Ingrid Koltermann (Schlussgrafik), Dorothee Schweizer (stellv. Art Directorin) **Bildredaktion:** Hanni Rapp, Eva M. Ohms
Bildredakteurin dieses Heftes: Eva Ohms
Kartographie: Peter Münch **Dokumentation:** Jasmin Wolf, Lenka Brandt (freie Mitarbeit), Sebastian Schulin (freie Mitarbeit) Andrea Wolf (freie Mitarbeit) **Mitarbeit:** Helmut Golinger, Rabea Wachsmann
Herstellung: Karin Harder **Redaktionsassistenz:** Sabine Birnbach, Katrin Eggers
Geschäftsführung Premium Magazine: Peter Rensmann **Verlagsleitung Premium Magazine:** Oliver Voß
Group Head Anzeigen Premium Magazine: Roberto Sprengel **Anzeigenleitung:** Christel Janßen
Anzeigenstruktur: Patricia Hoffnauer **Marketing:** Kenny Machaczek, Ulrich Rieger, Sonja Wünkhaus
Vertriebsleitung: Jörg-Michael Westerkamp (Zeitschriftenhandel), Frank H. Häger (Buchhandel)
Verantwortlich für den redaktionellen Inhalt: Andreas Hallaschka
Verantwortlich für Anzeigen: Roberto Sprengel

Verlagsbüros Inland:
Hamburg: Tel. 040/27 17-25 95, Fax -25 20, E-Mail: vb-hamburg@jalag.de
Berlin: Tel. 030/80 96 23-60, Fax -70, E-Mail: vb-berlin@jalag.de
Hannover: Tel. 0511/85 61 42-0, Fax -19, E-Mail: vb-hannover@jalag.de
Düsseldorf: Tel. 0211/901 90-0, Fax -19, E-Mail: vb-duesseldorf@jalag.de
Frankfurt: Tel. 069/97 06 11-0, Fax -44, E-Mail: vb-frankfurt@jalag.de
Stuttgart: Tel. 0711/966 66-520, Fax -22, E-Mail: vb-stuttgart@jalag.de
München: Tel. 089/99 73 89-30, Fax -44, E-Mail: vb-muenchen@jalag.de

Repräsentanzen Ausland:
Basel: Intermag AG, Tel. +4161/275 46-09, Fax -10, E-Mail: info@intermag.ch
London: The Powers Turner Group, Tel. +44 20/7630 99 66 Fax 76 30 99 22, E-Mail: cweiss@publicitas.com
Mailand: Media & Service International Srl, Tel. +39 02/48 00 61 93, Fax 48 19 32 74, E-Mail: info@it-mediaservice.com
Paris: International Magazine Company, Tel. +331/53 64 88 91, Fax 45 00 25 81, E-Mail: imc@international.fr
Madrid: Alcála Media International Media Representation, Tel. +34 91/326 91 06, Fax -07, E-Mail: alcalamedia@retemail.es
Wien: Publimedia Internationale Verlagsvertretungen GmbH, Tel. +43 1/21530, Fax 2121602, E-Mail: ppn-vienna@publicitas.com
New York: The Russell Group Ltd., Tel. +12 12/213 11-55, Fax -60, E-Mail: info@russellgroupltd.com

Die Premium Magazin Gruppe im Jahreszeiten Verlag

A&W Architektur & Wohnen COUNTRY DER FEINSCHMECKER WEIN Gourmet MERIAN

Gültige Anzeigenpreisliste: Nr. 38

Preis im Abonnement im Inland monatlich 6,37 € inklusive Zustellung frei Haus. Der Bezugspreis enthält 7 % Mehrwertsteuer. Auslandspreise auf Nachfrage. Postgirokonto Hamburg 132 58 42 01 (BLZ 200 100 20) Commerzbank AG, Hamburg, Konto-Nr. 611657800 (BLZ 200 400 00)
Führen in Lesemappen nur mit Genehmigung des Verlages. Printed in Germany

Weitere Titel im Jahreszeiten Verlag: Für Sie, petra, vital, PRINZ, A&W Architektur & Wohnen, COUNTRY, DER FEINSCHMECKER, WEINGourmet, schöner reisen, ZUHAUSE WOHNEN, selber machen
Litho: Alphabeta Druckformdienst GmbH, Hamburg. Druck und Verarbeitung: heckel GmbH, Nürnberg, ISBN: 978-3-8342-0706-7, ISSN 0026-0029 MERIAN (USPS No. 011-458) is published monthly. The subscription price for the USA is $ 110 per annum. K.O.P.: German Language Publications, Inc., 153 South Dean Street, Englewood NJ 07631. Periodicals postage is paid at Englewood NJ 07631, and at additional mailing offices. Postmaster: send address changes to: MERIAN, German Language Publications, Inc., 153 South Dean Street, Englewood NJ 07631.

JAHRES ZEITEN VERLAG
Ein Unternehmen der GANSKE VERLAGSGRUPPE

100 JAHRE GANSKE VERLAGSGRUPPE

TOP TIPPS Was Sie nicht versäumen sollten:

Hochuferweg von Sassnitz zum Königsstuhl Durch dichten Buchen- und Eichenwald geht es über schmale Wege und lange Holztreppen direkt an der Kreideküste entlang. Aussichtspunkte mit fantastischem Blick über See und Steilküste laden zum Verweilen ein.

Kap Arkona Die Leuchttürme am Kap und dieser Blick aufs Meer – der eine kommt da aus dem Schwärmen nicht mehr raus, dem anderen fehlen die Worte.

Marienkirche Waase Die Insel Ummanz hat zweierlei zu bieten. Zum einen ihre wilde Landschaft, die sich abseits touristischer Trampelpfade entdecken lässt, und zum anderen den kunstfertigen, wunderschönen Schnitzaltar in der Marienkirche von Waase. Unbedingt anschauen!

Bäderarchitektur in Binz Wer die Strandpromenade entlangschlendert, schaut weniger auf die Ostsee als auf die prächtigen weißen Villen in ihrem verspielten Baustil.

Hiddensee Zumindest einen Tagesausflug zur „kleinen Schwester" sollte jeder Rügen-Urlauber einplanen. Einmal über sanfte Hügel zum Dornbusch zu pilgern und den Leuchtturm zu besteigen könnte schon reichen, um Hiddensees Zauber für immer zu verfallen.

Panoramarestaurant Lohme Schlemmen und schauen – nirgends geht das besser als hier. Gerichte, Weine und Service stimmen. Und der Blick geht weit, weit übers Meer.

Jagdschloss Granitz Schon die Wanderung zum Schloss durch das Waldgebiet der Granitz ist ein Erlebnis. Der klassizistische von Karl Friedrich Schinkel mitgestaltete Bau mit Aussichtsturm, Marmorsaal und Wirtshaus im Kellergeschoss ist märchenhaft.

Strand auf der Schaabe Die Mutter aller Strände. Und da spielt es keine Rolle, dass die Reiseführer uneins sind, ob die Schaabe nun acht, zehn oder elf Kilometer lang ist. Der Strand ist ohnegleichen, nur das zählt!

Leinen los: Für Segler sind Ostsee und Boddengewässer rund um Rügen ein abwechslungsreiches Revier

Der Ernst-Moritz-Arndt-Turm in Bergen steht auf dem 91 Meter hohen Rugard

MERIAN | PRÄHISTORIE

Letzte Ruhe unter schweren Steinen

Ausflug in die Vergangenheit zu Rügens gut erhaltenen Gräbern aus Bronze- und Jungsteinzeit

Wie viele es einmal wirklich gewesen sind, vermag heute niemand mehr zu sagen. Zumal eine ganze Reihe der prähistorischen Grabanlagen auf Rügen geplündert, zerstört und teils als Fundamentsteine beim Bau von Kirchen und Häusern verwendet wurden. Eine „Special-Carte der Insel Rügen“ von 1829 verzeichnet rund 230 steinzeitliche Grabstätten auf der Insel; heute existiert gerade noch ein Fünftel davon, überwiegend Hügelgräber aus der Bronzezeit, in deren Inneren ab 1800 v. Chr. die Asche von Verstorbenen zusammen mit Grabbeigaben bestattet wurde. Zum Beispiel im Hügelgrab Dobberworth bei Sagard, dem größten Deutschlands (E 3), oder in den Woorker Bergen bei Woorke (an der Straße Bergen-Gingst Richtung Rappin, dann in Veikvitz Richtung Patzig

Vor 5000 Jahren errichtet: ein Hünengrab bei Lancken-Granitz

abbiegen) (D 4), wo 14 bis zu acht Meter hohe, meist baumbestandene Hügelgräber dicht an dicht liegen – das größte Grabhügelfeld Norddeutschlands. Noch eindrucksvoller sind die Großsteingräber, auch Megalith-, Dolmen- oder Hünengräber genannt, die vor rund 5000 Jahren errichtet wurden. Sie bestehen aus zwei oder mehr riesigen Findlingen, die tonnenschwere Decksteine tragen. Südwestlich von Lancken-Granitz sind fünf dieser Gräber erhalten: Gebaut sind die Grabkammern aus Großdolmen mit je drei Deckplatten. Ein Gang an der Stirnseite führt jeweils ins Innere einer Grabanlage – die Gebeine mehrerer Generationen einer Sippe wurden in diesen Megalith-Gräbern beigesetzt; heute gehören sie zu den ältesten Anlagen dieser Art in Mitteleuropa. (F5)

RÜGEN

(B 6) Altefähr
Einst war „Ollfähr“, das kleine Fähr- und Fischerdörfchen vis-à-vis von Stralsund, das Tor zu Rügen. Mit der Eröffnung des Rügendamms 1936 geriet der Weiler jedoch ins Abseits – zumindest ins touristische. Der beste Blick auf die Stadtsilhouette Stralsunds bietet sich vom alten Fährhafen. 2,3 km sind es bis zur Stralsunder Seebadeanstalt; diese Distanz ist beim Sundschwimmen im Juli zurückzulegen. Einziger nennenswerter Sandstrand an der Südküste, schmucke spätgotische Backsteinkirche.

(D 1) Altenkirchen
Ein Kleinod der Backsteinarchitektur, aber zugleich einzige Sehenswürdigkeit im Hauptdorf der Halbinsel Wittow ist die romanische Pfarrkirche aus der Frühzeit der Christianisierung Rügens. Im Inneren der dreischiffigen Basilika zählen Wandmalereien, ein slawischer Grabstein, ein Taufstein aus dem 13. Jh. sowie eine barocke Orgelempore zum Kirchenschmuck.

(G 5) Baabe
Das kleine, beschauliche Ostseebad liegt am langen Sandstrand zwischen Sellin und Göhren. Attraktionen sind neben Strand, waldreicher Baaber Heide und Küstenfischermuseum mit Fischbooten, Reuse und Heringssortiermaschine einige schöne Beispiele der Bäderarchitektur sowie die Fähre am boddenseitigen Baaber Bollwerk – der Fährmann setzt Fahrgäste im Ruderboot über. Am Moritzdorfer Ufer lohnende Wanderwege entlang der Having und um den Selliner See.

(D/E 4/5) Bergen
Rügens Hauptstadt ist im Stadtinneren in den Nach-Wende-Jahren bunter und charmanter geworden. Rund um den schönen, jedoch zum Parkplatz degradierten Markt stehen einige schmucke Bürgerhäuser sowie Cafés und Werkstätten im Klosterhof. In St. Marien – 1180 als romanische Basilika begonnen und im 14. Jh. als gotische Hallenkirche vollendet – detailreiche Fresken aus dem 12. Jh. von Paradiesfreuden und Fegefeuerqualen, zudem eine überwiegend barocke Innenausstattung. 15 Min. Fußweg sind es zum 91 m hohen Rugard mit dem Ernst-Moritz-Arndt-Turm (schöner Blick; Mai-Okt. 10-18 Uhr).

(F 5) Binz
Die erste Adresse unter Rügens Seebädern erstrahlt heute schöner denn je. An der 3 km langen Promenade hinter dem weit längeren Strand reihen sich bezaubernder Villen im Stil der Bäderarchitektur aneinander – darin Hotels, Pensionen, Cafés und Restaurants. Die neue Seebrücke ist Flaniermeile mit bestem Blick auf das Ensemble, dessen Mittelpunkt das mondäne, als Luxushotel wieder erstandene Kurhaus ist. Seit 2006 gibt es eine Spielbank, der „Rasende Roland“ macht auf dem Weg von Putbus nach Göhren schon seit dem 19. Jh. Station.

(D 2) Breege/Juliusruh
Die Gemeinde im Norden der Schaabe zeigt sich seeseitig als kleines Seebad mit Ambitionen zu Größerem und boddenseitig als ruhiges Dorf mit manch rohrgedecktem Fischerhaus. Nach Juliusruh lockt vor allem der 8 km lange, feinsandige Strand der Schaabe (Strandwanderung bis Glowe oder Steilküstenwanderung bis zum Kap Arkona). Sehenswert auch der Park, den Julius Christoph von der Lancken Ende des 18. Jhs. mit Alleen,

Seen und Wassergräben anlegte. Vom Breeger Hafen fahren Schiffe nach Hiddensee.

(E 4) Feuersteinfelder
Bis zu 350 m breite Wälle aus Feuerstein, die sich auf einer Länge von rund 2,5 km im nördlichen Teil der Schmalen Heide erstrecken. Die riesigen Flintsteinfelder – heute teils unter Sand und Kiefern verborgen – wurden durch Sturmfluten vor ca. 4000 Jahren aufgeworfen (4 km langer, ausgeschilderter Rundweg von einem Parkplatz an der Straße von Neu Mukran nach Prora).

(D 6) Garz
Obwohl der Ort schon 1319 als erster Rügens das Stadtrecht bekam, ist er bis heute Dorf geblieben. An die slawische Fürstenburg Charenza (Garz) erinnert nur noch der Burgwall, auf dem 1234 die Gründungsurkunde von Stralsund unterzeichnet wurde. Wer sich für Leben und Werk des Dichters und Historikers Ernst Moritz Arndt interessiert, kann sich das gleichnamige Museum in Garz (An den Anlagen 1, Di-Sa 10-16 Uhr, im Winter 11-15 Uhr) anschauen.

(C 4) Gingst
Das einstige Handwerkszentrum Westrügens ist heute ein vom Tourismus größtenteils verschonter Weiler. Einen Abstecher wert sind das Marktensemble mit Bio- und Töpferladen sowie die Pfarrkirche St. Jacobi aus dem frühen 14. Jh. Die Historischen Handwerkerstuben (in der Hauptsaison Mo-Sa 10-17, in der Nebensaison Mo-Fr 10-16 Uhr) zeigen sich als feines Museum zur Geschichte des Dorfhandwerks – darin eine Schneider- und Schusterwerkstatt, die Arbeitsstätte eines Barbiers und die Werkstatt einer Weißnäherin. Kinder begeistert der Rügenpark (April-Nov. 10-17 Uhr, Mo Ruhetag. Juli-Sep. zudem tägl. bis 19 Uhr), eine Art Legoland en miniature mit Modellen von Eiffelturm bis Freiheitsstatue und Abenteuerspielplatz.

(E 2) Glowe
Das kleine Straßendörfchen ist arm an Attraktionen, aber am südlichen Ende der Schaabe schön gelegen – für Wanderer ebenso wie für Badegäste: Zu den Wäldern der Stubnitz und den spektakulären Hochufern ist es nicht weit und

Die Feuersteinfelder bei Mukran sind rund 4000 Jahre alt

MERIAN | JAGDSCHLOSS GRANITZ

Logenplatz am Fürstenhof

Zu DDR-Zeiten blieben die Tore verschlossen. Heute ist Schloss Granitz ein Besuchermagnet

Der Aufstieg über die filigrane gusseiserne Wendeltreppe von 1844 ist nichts für Leute mit Höhenangst. 154 Stufen mit freiem Blick in die Tiefe wollen überwunden sein, bevor die grandiose Sicht über das Waldgebiet der Granitz, die Halbinsel Mönchgut und die Ostsee bis zum Kap Arkona berauscht. 107 Meter hoch ist der Tempelberg, auf dem das Jagdschloss Granitz thront, 38 Meter lichte Höhe erreicht der zentrale Schlossturm – ein besserer Logenplatz über dem Naturschauspiel Rügen lässt sich nicht denken. Wie so vieles auf der Insel geht auch das Jagdschloss Granitz auf Fürst Wilhelm Malte I. zu Putbus zurück. 1837 war Baubeginn, die Entwürfe stammen von Johann Gottfried Steinmeyer, dem Baumeister von Putbus, wurden von Malte persönlich überarbeitet und von Karl Friedrich Schinkel um so wichtige Zutaten wie den imposanten Mittelturm erweitert. Zudem veranlasste Schinkel die Erhöhung der Ecktürme. Nicht mal ein Jahrzehnt wohnte die Fürstenfamilie im Schloss; schon 1900 öffnete sie aus finanziellen Gründen die Räume für Besucher. Nach umfangreicher Restaurierung in den 1980er und 90er Jahren strahlen die Gemächer heute in neuem Glanz: Rittersaal, Empfangssalon, Speisesaal, Damensalon und Marmorsaal gehören neben der selbsttragenden Wendeltreppe, dem Ausblick und dem Wirtshaus „Alte Brennerei“ im Keller des Hauses zu den Highlights des Schlosses.

Die runden Ecktürme und der 38 Meter hohe Mittelturm dominieren das Gebäude

(F 5) **Jagdschloss Granitz** Südöstlich von Binz, auf halbem Weg zur B 196 (gebührenpflichtiger Parkplatz) oder mit dem Jagdschlossexpress alle 45 Min. ab Seebrücke Binz Tel. (03 83 93) 22 63, Fax 66 38 15 *Mai-Sep. tgl. 9-18 April/Okt. tgl. 10-16, Nov.-März. Di-So 10-16 Uhr*

der feinsandige Strand der Schaabe liegt nur ein paar Fußminuten entfernt.

(G 5/6) **Göhren**
Das Ostseebad trumpft mit gleich zwei Stränden: hier der breite Nordstrand mit Promenade und Seebrücke, dort der naturbelassene, wilde Südstrand – zusammen 8 km, an denen selbst in der Hochsaison jeder ein Plätzchen findet. Außerdem: schöne Villen im Stil der Bäderarchitektur sowie der Buskam, der größte Findling an der deutschen Ostseeküste. Über die Region und das ländliche Leben von gestern informieren die Mönchguter Museen (in der Hauptsaison tgl. 10-18 Uhr, in der Nebensaison bis 17 Uhr) hinzu kommen das Pfarrwitwenhaus im malerischen Groß Zicker, das Küstenfischermuseum in Baabe (siehe dort) sowie das Schulmuseum und ein Hallenhaus im Dörfchen Middelhagen.Im Unterrichtsraum der einklassigen Volksschule finden Mi 10 Uhr (in der Hauptsaison zudem Di 10 Uhr) historische Schulstunden statt.

(B 2-4) **Hiddensee**
„Capri von Pommern“ oder „Sylt der Ostsee“ wird die 18 km lange und an ihrer schmalsten Stelle nicht mal 300 m breite Insel vor der Westküste Rügens auch genannt – alles Quatsch! Hiddensee braucht solche aufgesetzten Attribute nicht, sondern bezaubert durch seine Natur. Feinsandiger Strand soweit das Auge reicht, keine Autos, kein Nachtleben, dafür Himmel und Licht; zudem die bis zu 70 m hoch aufragende Steilküste (Norden), eine ausgedehnte Heidelandschaft (Mitte) und Schilfwälder und Sumpfwiesen hinter Dünen (Süden). Auf der autofreien Insel bewegt man sich zu Fuß, mit dem Fahrrad (Fahrradverleiher in allen Inselorten) oder auf Pferdefuhrwerken, die an den Häfen auf Gäste warten. Von den schmucken kleinen Dörfern (Kloster mit dem Ortsteil Grieben, Vitte und Neuendorf) sollte man bei einem Inselbesuch das Dörfchen **Neuendorf** im Inselsüden nicht verpassen, an dessen strohgedeckten, auf die platte Wiese gestellten Fischerhäusern die Moderne – zumindest von außen besehen – keine nennenswerten Spuren hinterlassen hat. Auch ein Besuch in **Kloster**, dem nördlichsten Dorf, das sich an das Hochland schmiegt, gehört zum Hiddensee-Besuch: Zu empfehlen sind das Inselmuseum (zurzeit wird eine Büchsel-Ausstellung gezeigt, ab Herbst 2007 gibt es dann wieder Interessantes zu Fischerei, Flora und Fauna, Schiffbrüchen, Seenotrettung, Insel als Seebad; Gemälde von Elisabeth Büchsel) und das Gerhart-Hauptmann-Haus, in dem der Nobelpreisträger viele Som-

Dichter-Domizil: In dieser schmucken Villa in Kloster auf Hiddensee residierte Gerhart Hauptmann. Heute trägt das Haus seinen Namen und ist ein Museum

mermonate verbrachte (beide Häuser Apr.-Okt. 10-17 Uhr, im Winter 10-16 Uhr). Im Gerhart-Hauptmann-Haus wie auch der kleinen, aber feinen Inselkirche finden sommers oft Konzerte und Lesungen statt. Im Dörfchen **Vitte** in der Inselmitte sorgen das Figurentheater Seebühne und das Insel-Zeltkino hinter den Dünen für Unterhaltung. Die schönsten **Wanderwege** führen vom Dorf Kloster zum Leuchtturm und ins Hochland bzw. nach Grieben und dann ins Hochland (zurück nach Kloster geht's in beiden Fällen unterhalb bzw. auf der Steilküste); zu empfehlen ist auch die Strandwanderung von Kloster nach Neuendorf oder umgekehrt (für Tagestouristen, die diese Wanderung unternehmen wollen, empfiehlt sich als Schiffspassage die Hinfahrt zum südlichsten oder nördlichsten Inselort und die Rückfahrt vom entsprechend entgegengesetzt gelegenen). Fähren verkehren von Stralsund und Schaprode auf Rügen (siehe Anreise).

(D/E 1) Kap Arkona

Rügens so genanntes Nordkap ist ein windiger und mystischer Ort, mitnichten aber der nördlichste Punkt der Insel. Diese Ehre kommt vielmehr dem 500 m nördlich gelegenen Gellort zu. Aber wer kennt den schon? Viel vertrauter ist da das Bild mit den beiden Leuchttürmen (siehe „Lichtzeichen" S. 137): Der kleinere, 21 m hohe klassizistische Turm wurde 1826-27 nach Plänen Karl Friedrich Schinkels erbaut – heute außer Betrieb, dafür mit Leuchtfeuer-Ausstellung (tgl. 11-16 Uhr). 1905 wurde dem viereckigen Schinkelturm ein um 12 Meter höheres Pendant an die Seite gestellt, dessen Leuchtfeuer 22 Seemeilen weit sichtbar ist (in der Hauptsaison tgl. 11-18 Uhr, sonst bis 16 bzw. 17 Uhr). Außerdem interessant: Kunsthandwerker, eine Galerie und die DLRG-Ausstellung in den nahe gelegenen Gebäuden. Auf dem Hochuferweg lässt sich die Nord- und Ostküste der Halbinsel Wittow erkunden: Etwas abseits finden sich der Marinepeilturm (in der Hauptsaison tgl. 10-18 Uhr) mit wechselnden Ausstellungen und die Reste der Jaromarsburg. Einen halbstündigen Spaziergang entfernt schmiegt sich das 30-Seelen-Fischerdörfchen Vitt in eine tief eingeschnittene Schlucht. „Vitten" nannte man im Mittelalter die Heringsanlandeplätze – und morgens, wenn die Fischer reinkommen, kann man auch heute fangfrischen Fisch vom Boot kaufen oder ihn am Hafen geräuchert genießen.

Strand, so weit das Auge reicht: Die Schaabe ist Rügens längster Sandstrand, übrigens traditionell FKK-dominiert

(E 5/6) Lauterbach

(> siehe Putbus)

(F 2) Lohme

Bester Platz, um in den Nationalpark Jasmund aufzubrechen oder einfach die Seele baumeln zu lassen. Das einstige Fischerdörfchen liegt auf der 70 m hohen Steilküste und bietet schönen Fernblick bis zum Kap Arkona. Eine Holztreppe führt zum Strand, der, weil steinig, weniger zum Bade, stattdessen zu ausgedehnten Spaziergängen einlädt. Auf dem Hochufer bezaubernde Wanderwege, u.a. zur Stubbenkammer, zum Königsstuhl und zur Viktoriasicht (zwischen 8 und 12 km hin und zurück). Gemütliche Pensionen und Hotels; der winzige Hafen gehört zu den beschaulichsten auf Rügen.

(F 4) Prora

Das 1936 begonnene, gigantomanische Bauprojekt der Nazis (siehe auch S. 96) sollte 20 000 urlaubende Volksgenossen beherbergen – und das gleichzeitig. Über den Rohbau kam das 4,5 km lange Prestigeobjekt der Nazis jedoch nicht hinaus, womit es auch mit dem Kraft-durch-Freude-Tanken in tausenden gleichförmigen 12,5 qm großen Zimmern nichts wurde. Den „Koloss von Prora", wollten die Russen schließlich sprengen, da dies nur zum Teil gelang, entschied man sich für eine Nutzung als Kaserne der „Nationalen Volksarmee". 1994 wurden alle Gebäude unter Denkmalschutz gestellt, Teile davon verkauft, andere

MERIAN | GLOSSAR

Was ist Was?

Bodden - Flachgewässer und seichte Buchten im Hinterland der Küste oder von Inseln mit Zugang zum Meer.
Granitz - Rund 1000 Hektar großes Waldgebiet in Südost-Rügen. (F 5)
Jasmund - Waldreiche Halbinsel im Norden mit der imposanten Kreideküste und großem Nationalpark. (E/F 2/3)
Mönchgut - Halbinsel im äußersten Südosten Rügens, südlich des Ostseebades Baabe. (F/G 5/6)
Schaabe - Etwa 8 km lange, schmale Nehrung mit herrlich langem Traumstrand, verbindet Jasmund und Wittow (Nord-Rügen). (D 2)
Stubnitz - Waldgebiet im Nationalpark an der Ostküste der Halbinsel Jasmund mit angrenzendem Steilufer (F 3)
Ummanz - Flache rund 20 qkm große Insel im Westen Rügens (seit 1901 durch eine Brücke mit Rügen verbunden). (B/C 4)
Vilm - Winzige Insel im Rügischen Bodden; streng geschützes Naturschutzgebiet. (E 6)
Wittow - Nördlichste Halbinsel Rügens mit dem Kap Arkona. (C/D 1/2)
Zudar - Stille Halbinsel im äußersten Süden mit schöner Boddenküste. (D/E 7)

Das prächtige Schloss Ralswiek und sein 200 Jahre alter Park stehen für Besichtigungen offen

MERIAN | KRANICHE

Balztanz trotz Dauerehe

Zweimal im Jahr gehört Rügen zu einem der größten Kranich-Rastplätze Mitteleuropas

Hahn und Henne sind am Gefieder kaum zu unterscheiden. Allenfalls wenn die ca. 1,20 m großen Großvögel dicht beieinander stehen, ist zu erkennen, dass das Männchen etwas größer und ein wenig kräftiger ist, zudem seine Schmuckfedern etwas prächtiger ausfallen als beim Weibchen. Ansonsten sind Männlein und Weiblein des Grauen Kranichs, als Glücksvogel und in Fachkreisen als *grus grus* bekannt, von erhaben-gleichbleibender Schönheit. Im Frühjahr und Herbst fliegen riesige Schwärme in großen Formationen Rügen an, Grus grus gehört deshalb zumindest in diesen Zeiten zu den

Bis zu 60 000 Kraniche sammeln sich im Herbst auf Rügen

großen Attraktionen der Insel. Vor allem im Spätsommer und Frühherbst locken die Vögel Tausende Kranichbeobachter mit Ferngläsern, Perspektiven und langen Kameraobjektiven an die Brennpunkte des Geschehens, also in die Rügen-Bock-Region, einen der bedeutendsten Kranich-Rastplätze in Mitteleuropa. Schließlich bleibt der Vogel des Apollon dann mehrere Wochen dort, derweil er sich im Frühjahr schon nach wenigen Tagen wieder auf den Weg in die Brutheimat nach Schweden, Norwegen, Finnland oder Osteuropa aufmacht. Immerhin summiert sich der Vögel Schar, so haben es Synchronzählungen an den verschiedenen rügischen und rügennahen Schlafplätzen ergeben (Werder/Bock, Kirr/Oie südlich von Zingst, Udarser Wiek, Unrower Ufer u.a.) auf stattliche 40 000-60 000 Kraniche, die alljährlich dort Mitte Oktober rasten. Die flachen Boddengewässer versprechen sichere, gut anzufliegende Schlafplätze, die Stoppeläcker im Umkreis von 30 Kilometern (z.B. auf Ummanz und Westrügen) versprechen ergiebige Nahrung.

Grau ist das Federkleid, deutlich hebt sich die schwarz-weiße Kopf- und Halszeichnung ab, rot und federlos ist die Schädelplatte – es ist ein Spektakel, wenn 1000 bis 20 000 Vögel über den Acker schreiten: „Cranuh, cranuh, cranuh", schreit und trompetet es vielstimmig, während die Kraniche nach Mais- und Getreidekörnern, Eicheln, Fröschen, Würmern und Schnecken fischen. Und wer bei der Beobachtung Glück hat, erlebt im Frühjahr den berühmten Tanz der Kraniche. Es sind fantastische Tanzfiguren – darunter werbende Sprünge, sich präsentierendes Flügelsschlagen, einander jagende und sich verweigernde Zickzackläufe und ein Imkreisrennen, das nur einem Zweck dient: der Balz. Auch die Schleppe, die über den kurzen Schwanz hängenden Federn, wird dann buschig aufgestellt. Denn obgleich Kranichpaare bis zum Tod eines Partners zusammen bleiben, hört das Werben nie auf. Um die Vögel bei all dem nicht zu stören – die Fluchtdistanz liegt bei mehr ca. 300 Metern –, sollten sie nur von offiziellen Beobachtungsständen an ihren Äsungs- und Schlafplätzen (aktuell im Kranich-Informationszentrum bzw. Nationalparkamt zu erfragen) beziehungsweise von der Straße aus beobachtet werden. Wichtig: dabei nicht aussteigen, sondern im Auto bleiben. Fotografen und Naturliebhaber können Fotohütten im Nahrungsgebiet auf dem Festland mieten, die eine Stunde vor Sonnenaufgang bezogen werden müssen und erst verlassen werden dürfen, wenn sich keine Kraniche mehr auf den Äckern zeigen, in der Regel nach Sonnenuntergang.

Auskunft: (A 5) Kranich-Informationszentrum
Lindenstr. 27, Groß Mohrdorf (nicht auf Rügen; nordwestl. von Stralsund) Tel. (03 83 23) 805 40, Fax 805 41
www.kraniche.de

Nationalparkamt Vorpommern
Im Forst 5, Born, Tel. (03 82 34) 50 20, Fax 502 24
www.nationalpark-vorpommersche-boddenlandschaft.de

(B 2) Kranichfahrten Reederei Hiddensee, Achtern Diek 4
Vitte, Tel. (03 83 00) 210 oder (038 31) 268 10 (Stralsund)
www.reederei-hiddensee.com
Mitte Sep.-Mitte Okt.:
Kranichfahrten von Schaprode und Stralsund zum Kranich-Schlafplatz in der Nähe des Pramort **(A 4)**. Die Tour wird von einem Experten des Kranich-Infozentrums begleitet.
(D 2) Reederei Klipp, Dorfstr. 101, Breege
Tel. (03 83 91) 123 06, Fax 123 07, mobil (01 71) 121 83 33
www.reederei-kipp.de
Im Sept. u. Okt. vom späten Nachmittag bis nach Sonnenuntergang geführte Kranichfahrten von Breege in den Großen Jasmunder Bodden und zum Naturschutzgebiet Spyckerscher See (E 2). Termine auf Anfrage.
Nicht verpassen: Die Vorbuchung in Pensionen und Hotels für die Kranichsaison im **Sept. und Okt.** eines Jahres läuft meist schon im **Mai-Juni** an.

sich selbst überlassen, wieder andere zwischenzeitlich als Museumsmeile, Jugendherberge, Bücher-Café, Galerie usw. genutzt. Über Geschichte, Gegenwart und Ideen für die Zukunft des Monumentalbaus informiert das Dokumentationszentrum Prora in Gebäude 1 (Apr.-Okt. tgl. 10-18, Juli-Aug. tgl. 9.30-19 Uhr, Nov.-März tgl. 11-16 Uhr).

(E 5) Putbus
Die „weiße Stadt“ (siehe auch Seite 58) hat mit rohrgedeckten Fischerkaten oder Bäderarchitektur nichts gemein. In Putbus ist alles aus einem Guss, streng klassizistisch. Nachdem Graf Wilhelm Malte zu Putbus 1807 zum Fürsten ernannt worden war, erfüllte er sich hier einen lang gehegten Traum. Bis zur Mitte des 19. Jhs. entstand ein repräsentatives Stadtensemble aus Schloss, Orangerie und Marstall, Straßen mit Häusern für adlige Badegäste oder Bedienstetenwohnungen, einem 1891/92 zur Kirche umgewidmeten Kurhaus und einem Park. Herzstück der Anlage ist der Circus, ein riesiges Rondell mit Obelisk in der Mitte, das von ebenfalls klassizistischen Wohnhäusern eingefasst ist. Alle Gebäude stehen noch und erstrahlen überwiegend wieder in leuchtendem Weiß – „nur“ das Schloss wurde Anfang der 1960er Jahre von den SED-Regionalgewaltigen in bester Maschinenstürmer-Tradition abgerissen. Von Putbus fährt seit 1895 die Schmalspurbahn „Rasender Roland“ (siehe S. 118) in die Seebäder, zunächst nur bis Binz, später auch nach Sellin und Göhren sowie heute nach Lauterbach, zum 2 km entfernten Putbuser Hafen am Rügischen Bodden. Dort ließ Malte 1817 zudem ein Badehaus mit Vorhalle, Portikus und dorischen Säulen errichten und machte das Fischerdörfchen so zum fürstlichen Bad. Heute ist der Ort vor allem Seglertreff mit einer Marina, die auf Rügen ihresgleichen sucht, und Fährhafen zur Insel Vilm.

(D 1) Putgarten
Das verkehrsberuhigte Straßendorf verdankt seine Publikumsfrequenz zweifelsfrei der Nähe zum Kap Arkona (vom Parkplatz zum Kap fahren Pferdekutschen und die Arkonabahn, zu Fuß ist's ein etwa halbstündiger Spaziergang). Einen Halt lohnt der Rügenhof: In dem restaurierten Gutshof sind neben schönen Ferienwohnungen mehrere Töpfer, ein Korbflechter, ein Kerzen- und Bernsteinladen u.v.m. untergekommen; Streichelzoo, Spielplatz und landwirtschaftliches Gerät von vorgestern unterhalten den Nachwuchs.
(Juli, Aug tgl. 10-19 Uhr, sonst verkürzt zu den Kernzeiten 12-16 Uhr).

(E 4) Ralswiek
Von Mitte September bis Mitte Juni unterscheidet Ralswiek nicht viel von anderen Boddendörfern wie Vieregge, Moisselbritz, Breetz oder Liddow – es liegt bezaubernd am Wasser, das Leben hat eine gemächliche Gangart, die ausgetretenen Pfade des Tourismus scheinen fern zu sein. Sobald allerdings die Störtebeker-Festspiele in der Hauptsaison Tausende an den Großen Jasmunder Bodden und in die älteste Siedlung Rügens locken, ist es mit der Ruhe allabendlich vorbei. Mit viel historischem Kolorit von Koggen bis zu Geschützdonner werden hier vor Naturkulisse die Abenteuer von Klaus Störtebeker, dem Piraten der Ostsee, nacherzählt (Störtebeker-Festspiele, Am Bodden 100, Ralswiek, www.stoertebeker.de Tel. 038 38-311 00).
Im Stil der Neorenaissance entstand 1893 das Schloss Ralswiek, dessen Innenräume sich am besten bei Speis und Trank im Schlossrestaurant oder als Hotelgast entdecken lassen. Um den Prachtbau von außen zu bewundern, empfiehlt sich ein Rundgang durch den vor 200 Jahren angelegten Landschaftspark.

(E 3) Sagard
Der zweitgrößte Ort auf Jasmund ist zugleich der älteste Badeort auf Rügen: Über einer eisenhaltigen Quelle wurde 1795 eine „Brunnen-, Bade- und Vergnügungsanstalt“ eröffnet, woran nur noch der Kurpark Brunnenaue erinnert. Den Besuch lohnen die Kirche St. Michael mit schöner Barockorgel und der Dobberworth, mit 14 m Höhe und 50 m Durchmesser Norddeutschlands größtes Hügelgrab (südlich des Ortes).

(D 5) Samtens
Zumindest am Modellbau Interessierte sollten im agrarischen Zentrum Westrügens einen Stopp einlegen: Das Mo-

MERIAN | TIPP

Rasen mit Roland

Nomen non semper est omen, dem Namen kann man nicht immer vertrauen – schließlich ist der „Rasende Roland“ alles andere als ein Synonym für unkontrollierte Ausbrüche oder Hochgeschwindigkeit. Vielmehr geht die Rügensche Kleinbahn auf 750 Millimeter Spurweite die Sache gemütlich an, und das bereits seit 1895. Damals nämlich wurde die 10,8 km lange Strecke Putbus-Binz eingeweiht, um Gäste vom fürstlichen, jedoch fern der Küste gelegenen Badeort bequem an die Küste zu kutschieren. Weitere Strecken folgten, bis 1899 war das Streckennetz auf 97,3 km ausgebaut. Seither bietet sich das immergleiche Bild: Der „Rasende Roland“, wie der Volksmund die Kleinbahn schnell taufte, schnauft mit maximal 30 km/h durchs Gelände; alle warten geduldig und bringen Kameras in Stellung, sobald Rolands lang gezogenes Pfeifen die Stille der Landschaft durchbricht. Und obgleich die Gesamtstrecke der Schmalspurbahn heute nur noch 24,1 km beträgt, ist eine Fahrt mit dem Roland ein Ereignis. Die ältesten noch betriebenen Dampfloks stammen aus den Jahren 1914 und 1925 und wurden bei Vulcan in Stettin gebaut; die Reisezugwagen entstanden überwiegend vor dem Ersten Weltkrieg, alle anderen wurden bis 1930 gebaut und stehen wie die gesamte Bahn unter Denkmalschutz.

(E 5) Rasender Roland
Binzer Str. 12, Putbus
Tel. (03 83 01) 801 12
Fax 801 15
www.rasender-roland.de
Einfache Fahrt 1,60-8 € (erm. 0,80-4 €), Wochenkarte 4,80-24 €, Familienkarte 3,20-16 € (gestaffelt nach der Streckenlänge).
Wer auf den Geschmack gekommen ist, kann Lehrgänge zum Ehrenzugbegleiter (5 Tage, 160 €) bzw. Ehrenlokführer (10 Tage, 720 €) besuchen.

dellbaumuseum bietet Autos, Flugzeuge, Schiffe und Eisenbahnen – also Technik en miniature in 10 000 Modellen (Muhlitzer Str. 3, 14-17 Uhr tägl. Apr.-Okt., Nov.-März nur Sa, So), die von 27 beherzten Einwohnern zusammengeklebt, -genagelt und -gesteckt worden sind.

(F 3) Sassnitz
Rügens zweitgrößter Ort lebt nicht vorrangig vom Charme eines Seebads – obgleich es auf dem Steilufer und in der kleinen, aber schmucken Altstadt um den Markt viele Villen im Stil der Bäderarchitektur gibt – als vielmehr vom Flair einer lebendigen Hafenstadt. An der Mole liegen die Fischer- und Ausflugsboote dicht an dicht. Die einen kommen am Vormittag herein und löschen ihren Fang, die anderen fahren vollgepackt mit Touristen zur Steilküste und den Kreidefelsen von Jasmund hinaus. Zudem wurde im Stadthafen, flankiert von Cafés, Restaurants und Galerien eine Art Museumsmeile etabliert. Das Fischerei- und Hafenmuseum stellt Fischfang und –verarbeitung sowie 150 Jahre Stadt- und Hafengeschichte in den Mittelpunkt. Zu den Attraktionen gehören zahlreiche nautische Exponate sowie der Besuch eines zum Museum gehörenden Fischkutters (Im Stadthafen 12, Haus G, Apr.-Okt. tgl. 10-18). Unweit davon ist das britische U-Boot „H.M.S. Otus“ – 1963 gebaut und einst vor den Falkland-Inseln und im Persischen Golf auf Tauchfahrt – zur Besichtigung vertäut (Apr.-Okt. tgl. 10-19, sonst bis 16 Uhr). Nahebei zeigt das Museum für Unterwasserarchäologie Spannendes aus der unterseeischen Altertums- und Seefahrtsforschung. Highlights unter den Exponaten sind das Boot von Ralswiek und die Gellenkogge – vor Rügen und Hiddensee gefundene Boote, das eine wohl mehr als 1000, das andere ca. 750 Jahre alt (voraussichtlich bis Ende Juni 2007 wegen Umbauarbeiten geschl., danach Apr.-Okt. tgl. 10-18, sonst bis 17 Uhr). Einer der schönsten Hochuferwege Rügens führt von Sassnitz zum Königsstuhl, vorbei an Wissower Klinken und Viktoriasicht (hin und zurück ca. 20 km). In Neu Mukran, 5 km südlich des Ortes, legen die Skandinavien- und Litauen-Fähren an und ab.

Blick auf Schaprode, hier legen die Hiddensee-Fähren an und ab

(C 3) Schaprode
In Zeiten des Automobils hat Schaprode schwer daran zu tragen, Fährhafen zur autofreien Insel Hiddensee zu sein. In der Saison gleicht der Ort einem riesigen Parkplatz, zumal neben den gebührenpflichtigen Plätzen am Hafen sowie am Ortseingang, viele Gartenbesitzer jede noch so kleine Grün- oder Betonfläche zum „Stellplatz“ erklären. Dabei ist das einstige Fischerdorf durchaus schön, vor allem im alten Dorfkern: Kapitänshäuser, geduckte, reetgedeckte Fischerkaten, schmucke Vorgärten und nicht zuletzt die Dorfkirche St. Johannes (13. Jh.). Ein lohnender Wanderweg führt über Poggenhof nach Seehof mit Blick auf die Hiddensee vorgelagerte Fährinsel.

(F/G 5) Sellin
Der zweitgrößte der vielbesuchten Badeorte Rügens liegt zwischen Binz und Göhren, eingefasst vom Selliner Forst und Selliner See sowie dem Wald der Granitz mit schö-

Der „Rasende Roland“ schnauft, dampft und pfeift seit 1895 auf schmaler Spur über die Insel

nen Hochuferwegen. Bäderarchitektur bestimmt das Bild, vor allem in der Wilhelmstraße, die zum Wahrzeichen des Ortes führt, zur 1992-98 nach historischen Vorbildern rekonstruierten Seebrücke. Sie ist die einzige bebaute auf der Insel – die prächtigen Aufbauten Kaiserpavillon und Palmengarten beherbergen Restaurants und Läden. Links und rechts davon liegen die eigentlichen Attraktionen: der feinsandige Nord- und Südstrand unter der bis zu 40 m hohen Steilküste. Das „Gold der Ostsee“ steht im Mittelpunkt eines kleinen Bernsteinmuseums (Granitzer Str. 43, Mo-Fr 10-12 und 14-17, Sa 10-12 Uhr). Das Empfangsgebäude des Selliner Bahnhofs von 1896 ist der einzige erhaltene Bau aus der Anfangszeit des „Rasenden Rolands“. Für Badespaß sorgt auch die Wasserwelt „Inselparadies Sellin“ mit Saunalandschaft und mehr als 100 m langer Wasserrutsche.

(E 6) Insel Vilm
Die winzige, nur 94 Hektar große Insel vor der Südostküste Rügens hat in Deutschland nicht ihresgleichen. Hier herrscht die Natur. Der letzte Holzeinschlag liegt zwei Jahrhunderte zurück, so dass Ulmen, Buchen und Eichen zwischen Farn und Unterholz knorrig-mächtige Erscheinungen sind. Im 14. Jh. kamen Einsiedler, im 18. Jh. wurde ein Gehöft bewirtschaftet, im ausgehenden 19. Jh. entdeckten Putbuser Badegäste das Eiland – ein Logierhaus entstand, 1936 wurde die Insel zum Naturschutzgebiet erklärt, in den Nachkriegsjahren entdeckten Sommergäste die Insel und 1959 wurde sie Urlaubsreservat der SED-Spitze und damit fürs Restvolk hermetisch abgeriegelt. Heute ist Vilm geschützte Wildnis, Vogelparadies und Herzstück des Biosphärenreservats Südost-Rügen. Pro Tag dürfen bis zu 30 Personen zu etwa zwei- bis dreistündigen Führungen auf die Insel (Anmeldungen: Internationale Naturschutzakademie Insel Vilm, Tel. (03 83 01) 860, ina.vilm@bfn-vilm.de, Überfahrt mit dem Boot „INA“ vom Hafen Lauterbach; 90-minütige Rundfahrten um die Insel bietet die Fahrgastreederei Lenz ebenfalls von Lauterbach, Tel. (03 83 01) 618 96.

(D/E 1) Vitt
(> siehe Kap Arkona)

(C 4) Waase
Das Fischerdörfchen am Eingang zu Ummanz, direkt an der Brücke, die seit 1901 Rügen mit der Insel an seiner Westflanke verbindet, wäre allenfalls für seine Lage erwähnenswert, wenn es nicht die gotische Dorfkirche gäbe, reich verziert mit Fresken von 1470, einer bemalten Holzbalkendecke, einer mit Intarsien gearbeiteten Renaissancekanzel von 1572 und einer Holzempore mit Bildtafeln aus dem frühen 18. Jh. Das aber ist noch nicht alles: Kostbarstes Ausstattungsstück ist ein Schnitzaltar mit sechs beidseitig bemalten Flügeln aus einer Antwerpener Werkstatt, der um 1520 entstand. Da Waase vormals zum Stralsunder Heiliggeistkloster gehörte, gelangte der Altar über die Hansestadt nach Ummanz. Im Mittelteil sind die Passion Christi und Szenen aus dem Leben des Thomas Becket von Canterbury figurenreich und in außergewöhnlicher Tiefenstaffelung dargestellt. Die Seitenflügel illustrieren u. a. das letzte Abendmahl und die Gefangennahme Christi.

(C/D 2) Wiek
Das Dorf gehört zu den schönsten auf der Halbinsel Wittow. Das liegt nicht nur an der Lage am Wieker Bodden und dem Blick übers Wasser zum Bug, der kilometerlangen Landzunge hinter Dranske, und bis nach Hiddensee. Auch die Fischerhäuser um die Backsteinkirche aus dem 15. Jh. und der Hafen mit der kleinen Marina bilden ein bezauberndes Ensemble. Die Kreideverladebrücke – über die einst der auf Rügen abgebaute Rohstoff verschifft werden sollte – setzt einen spannenden Gegenakzent. Der Erste Weltkrieg verhinderte die Inbetriebnahme; bis heute blieb die Verladebrücke ungenutzt, wurde stattdessen zum Baudenkmal erklärt. Vom Hafen fahren Ausflugsschiffe nach Hiddensee.

(E 5) Zirkow
Dörfchen im Hinterland von Binz mit einem Museumshof, bestehend aus einem Kübbungsdielenhaus von 1720 und zwei Scheunen. Darstellung des bäuerlichen Lebens von Leibeigenschaft über Kollektivwirtschaft bis zum Kollaps des Realsozialismus deutscher Prägung. (Apr.-Okt. Di-Fr 10-16 Uhr)

MERIAN | TIPP I

Die Schätze von St. Nikolai

St. Nikolai, 1276 dem Schutzpatron der Seefahrer geweiht, war das Gotteshaus der Ratsherren und Patrizier. 1667, nach einem Brand, bekam der Südturm (103 m) eine Barockhaube, beim Nordturm reichte es bis heute nur zu einem Notdach. Was die reichen Stralsunder Kaufherren in Jahrhunderten stifteten, macht heute die reiche Sammlung mittelalterlicher Kunstschätze in St. Nikolai aus. Dazu gehören die überlebensgroße in Stuck gefertigte Anna Selbdritt (1270), das Nowgorodfahrer-Gestühl mit Szenen einer Pelztierjagd (etwa 1370), der Bergenfahreraltar (um 1500), die astronomische Uhr (1394) und der barocke Hauptaltar von Andreas Schlüter.

MERIAN | TIPP II

Ozeaneum

Im Frühjahr 2008 wird eröffnet: Dann führen drei große Aquarienbereiche in die Höhen und Tiefen von Ostsee, Nordsee und Nordatlantik, zeigen deren Flora und Fauna im beinahe natürlichen Umfeld. Geplant ist ein riesiges Schwarmfischbecken mit 3000 Kubikmeter Wasser sowie 10 m breiter und 5 m hoher Panoramascheibe, das die Weite des Meeres simuliert. Drei Ebenen beleuchten die drei Ausstellungsschwerpunkte näher: „Die Ostsee“, „Das Weltmeer“ und die „Erforschung und Nutzung der Meere“. Eine riesige Halle nimmt die „Riesen der Meere“ auf – Wale, Delphine und Walrösser als Nachbildungen in Originalgröße. Eine Pinguinanlage auf der Dachterrasse und die Exposition „Ein Meer für Kinder“ unterhalten speziell den Nachwuchs.
Stralsunder Hafeninsel (c 1/2)

SEHENSWERT

Seit 2002 gehört Lübecks vorpommersche Hanseschwester zum Unesco-Weltkulturerbe, ist wunderschön gelegen zwischen Ostsee, Knieper- und Frankenteich und hat eine gut erhaltene Stadtmauer mit mächtigen Toren wie Knieper- und Kütertor. Mühlen- und Mönchstraße sind die Straßen mit den beeindruckendsten gotischen Gebäudeensembles.

(b 1) Alter Markt

Das gotische Wulflamhaus (um 1380, reich gegliederter Staffelgiebel) spiegelt eindrucksvoll den einstigen Wohlstand Stralsunds, das barocke Commandantenhus (um 1750) erinnert an die Schwedenherrschaft in Vorpommern. Dominiert wird der Alte Markt vom Backstein-Rathaus mit einem prächtigen, filigranen Maßwerkgiebel (um 1400). Der lang gezogene Innenhof wurde durch ein Glasdach zur Passage – schon im 13. Jh. war das Rathaus „Kophus“, Kaufhaus.

(a/b 2) Deutsches Meeresmuseum

Der Besucher vergisst schnell, dass er in der einstigen Katharinenkirche des 1251 gegründeten Dominikanerklosters ist, wenn er von einem 15 m langen Finnwalskelett empfangen wird. Ein fünf Meter hohes Korallenriff, 45 Seewasseraquarien mit 375 Meerestierarten in 650 000 Liter Seewasser, ein 6 Meter langer präparierter Riesenkalmar sowie der Körper einer Riesenkrabbe sind der Stolz dieses schon zu DDR-Zeiten ausgezeichneten und viel besuchten Museums. Meeresbiologie, Meereskunde, Seefischerei sowie Flora und Fauna der nahen Ostsee werden bestens präsentiert. Sehenswert ist auch das „Nautineum“ auf der Insel Dänholm im Strelasund, die Außenstelle des Meeresmuseums mit Zeesenbooten, Unterwasserlabor „Helgoland“ und riesigen Reusen; Öffnungszeiten identisch mit denen der Hauptausstellung, von Nov.-Mai geschl.
Katharinenberg 14-20
Tel. (03831) 26 50 210
www.meeresmuseum.de
Juni-Sep. tgl. 10-18
Okt.-Mai tgl. 10-17 Uhr

Meeresmuseum: Skelett eines vor Rügen gestrandeten Finnwals

(c 2) Heilgeistkloster

Alte und Kranke wurden in dem 1256 erstmals erwähnten Hospital St. Spiritus gepflegt, der Unterhalt kam aus den in jungen Jahren zu zahlenden Beiträgen fürs Alter und zahlreichen Schenkungen zusammen. Erhalten – in den letzten DDR-Jahren beinahe abgerissen und nun mit Liebe zum Detail rekonstruiert – blieben das Spitalgebäude mit Galerie und kleinen Wohnräumen, Fachwerkhäuser sowie die dreischiffige Heilgeistkirche, die mit wildem Wein bewachsen ist.
Wasserstraße, *Juli-Aug. Mo-Sa 10-12 und 15-17 Uhr.*

(b/c 2) Jacobikirche

Die Hallenkirche aus dem 13. Jh., die im 14. Jh. zur Basilika umgebaut und um den 68 m hohen Turm erweitert wurde, ist mit glasierten Formsteinen und dem ornamentalen Schmuck der Blenden und Friese ein Kleinod der nordischen Backsteingotik. Beginnend mit schweren Treffern während der Wallensteinschen Belagerung 1628 über Blitzschlag und Brand in der Turmpyramide bis zu schweren Zerstörungen bei einem Luftangriff 1944 wurde St. Jacobi unter den Stralsunder Kirchen am meisten in Mitleidenschaft gezogen. Zu Beginn des 19. Jhs. nutzten die Franzosen die Kirche als Pferdestall, zu DDR- Zeiten wurde sie als Lagerstätte miss-

Die Lettern (b 1) beziehen sich auf den Stadtplan auf S. 108

Schauseite Stralsunds vom Strelasund. Yachten liegen vor Seestraße und Fischmarkt, und die mächtige Schifferkirche St. Nikolai ist ganz nah

braucht. St. Jacobi wird seit 1995 restauriert – als Veranstaltungskirche.
Jacobiturmstraße, Besichtigungstermine unter Tel. 29 04 46

(b 1) **Johanniskloster**
Das frühere Refugium der Franziskaner, 1254 gegründet und später als Armen- und Altenhaus genutzt, beheimatet das Stadtarchiv. Barockbibliothek, Kapitelsaal (Ausstellungen), Kreuzgang, Rosengarten und ein riesiger Räucherboden können besichtigt werden. Von der Kirche, 1944 zerstört, stehen nur noch die Außenmauern. Eine Kopie der Pietà von Ernst Barlach erinnert an die Kriegstoten.
Schillstraße
Mai-Okt. Di-So 10-18 Uhr

(a/b 3) **Marienkirche**
Der Raumeindruck ist gewaltig: Die Kirche ist knapp 100 m lang, das Mittelschiff 32,5 m hoch. Die monumentalste der drei Stralsunder Kirchen und größte Vorpommerns wurde ab 1360 errichtet. Fast die gesamte mittelalterliche Ausstattung fiel Bilderstürmern und Plünderern zum Opfer. Was blieb, ist eine harmonisch gegliederte Backsteinbasilika mit Querhaus. Darin gotische Malereien an den Arkadenbögen und im Mittelschiff, mehrere barocke Kronleuchter und ein Taufbecken aus dem 16. Jh. Bedeutendstes Möbel aber ist die prächtige Barockorgel von Friedrich Stellwagen. Vom Turm (345 Stufen) hat man die schönsten Ausblicke auf die Stadt und Rügen.
Neuer Markt
Mai-Okt. Mo-Sa 10-17, So 11.30-17 Uhr. Nov.-März Mo-Fr 10-12 und 14-16 Uhr, Sa 10-12 und So 14.30-16 Uhr. Apr. Mo-Sa 10-16, So 14.30-16 Uhr.

(b 1/2) **Nikolaikirche**
siehe MERIAN-Tipp I (links)

(a/b 3) **Schiffercompagnie**
1488 von 50 Stralsunder „Fahrenslüüd" gegründet, hieß sie von großer Fahrt zurückgekehrte Schiffer willkommen. Heute zählt die Compagnie, einer der ältesten Berufsverbände Deutschlands, ca. 50 Mitglieder. Das Domizil, ein wunderbares Sammelsurium von Schiffsmodellen, Kapitänsbildern, Seemanns-Andenken, Seekarten, Schiffsglocken usw., kann besichtigt werden.
Frankenstraße 9
Mo-Fr 10-17 Uhr

ÜBER NACHT

Dorint Hotel im Hansedom
Viersterne-Haus im Freizeit- und Erholungspark Hansedom, 114 Zimmer mit allem Komfort, Wellness-Angebote, großer Sport- und Fitnessbereich, (u. a. Thermen, Tennis, Badminton, Squashcourts).
Grünhufer Bogen 18-20
Tel. 377 30, Fax 377 31 00
€€€

(c 2) **Kontorhaus**
Stilvoller Hotelneubau am alten Hafen, einer der schönsten Ecken Stralsunds, wo Segelboote und Yachten ankern. Die geräumigen Zimmer und Suiten haben maritimes Flair.
Am Querkanal 1
Tel. 28 98 00, Fax 28 98 09
www.kontorhaus-stralsund.de
€€

(a/b 3) **Norddeutscher Hof**
Familiengeführtes Hotel in einem Haus aus dem 17. Jh., aller nötiger Komfort. Rustikales Restaurant und ebensolche Küche. Kleiner Biergarten.
Neuer Markt 22
Tel. 29 31 61, Fax 28 79 39
www.nd-hof.de €

(b 2) **Pension Cobi**
Einfacher, gemütlicher Pensions-Neubau in der Altstadt an der Jacobikirche – dennoch ruhig gelegen. Helle Zimmer im Schweden-Chic möbliert: alle mit Dusche, Toilette und TV, zwei mit Balkon.
Jacobiturmstr. 15, Tel. 27 82 88 und 01 78/312 21 49
www.pension-cobi.de €

Renovierte Fassaden von Bürgerhäusern in der Badenstraße

ESSEN & TRINKEN

(a 2) **Torschließerhaus**
Historisches Restaurant im alten Torschließerhaus am Kütertor der Stadtmauer. Deftige Fleisch- und regionale Fischküche, Bier- und Kaffeegarten.
Mühlenstr. 25-26 (am Kütertor)
Tel. 29 30 32
Tgl. 12-15 und 18-24 Uhr €

(a 2) **Wallensteinkeller**
Erlebnisgastronomie in Kellergewölbe unter der Stadtmauer. Personal in historischen Gewändern trägt Herzhaftes auf, das traditionell mit den Fingern und einem Dolch gegessen wird (auf Wunsch Besteck).
Mühlenstr. 22
(Eingang über den Knieperwall, die Außenseite der Stadtmauer)
Tel. 66 79 22, *tgl. ab 17 Uhr* €

(b 2) **Hansekeller**
Gewölbekeller ohne Schnickschnack aus dem 16. Jh. Gutbürgerliche Fisch- und Fleischküche. Saisonal Herings- und Spargelessen.
Mönchstr. 48
(im Haus des Handwerks)
Tel. 70 38 40, *tgl. 11-24 Uhr* €

(c 3) **Braugasthaus „Zum Alten Fritz"**
In der einstigen Stralsunder Vereinsbrauerei gibt es brauhaustypische Gerichte, Störtebeker-Schwarzbier und naturtrüber Zwickel. Im Sommer Biergarten auf großer Terrasse.
Greifswalder Chaussee 84-85
Tel. 25 55 00, *tgl. 11-1 Uhr* €

Preiskategorien

Alle Adressen im Info-Magazin sind MERIAN-Empfehlungen.
Der Preis für ein Doppelzimmer pro Nacht liegt bei:
€ bis 60 € €€ 60-120 €
€€€ 120-180 €
€€€€ über 180 €
Preiskategorien Restaurants: Der Preis für ein Hauptgericht liegt bei:
€ unter 12 €
€€ 12 bis 18 €
€€€ 18 bis 25 €

MERIAN | TIPP

Dinner im U-Boot

Schwere Stahlluken, Wasserstandsanzeiger, dicke Rohre unter der Decke und an den Wänden, ein Tresen, der an eine Schiffsbrücke erinnert, Tiefseefische hinter Glas – das U-Boot von Kapitän Nemo aus Jules Vernes Roman „20 000 Meilen unter dem Meer" stand Pate beim fantasievoll-fantastischen Interieur des Erlebnisrestaurants Nautilus am Rügischen Bodden. Die Gäste sitzen im Ruder- oder Maschinenraum, in der Mannschafts- und Kapitänsmesse oder der Steuermannskajüte. Auf der Speisekarte stehen Gerichte aus dem „Meeresgarten der Nautilus" (Fisch) und „Aus einer anderen Welt" (Fleisch). Dass die Gaumenfreuden hinter dem unterseeischen Augenschmaus etwas zurückbleiben, spielt angesichts glücklicher Kinderaugen keine Rolle. Tischreservierung ist in jedem Fall ratsam. Und wer mal wohin muss, geht für „Meerjungfrauen" und „Leichtmatrosen".

(E 6) Neukamp
Nautilus
Dorfstraße 17
Tel. (03 83 01) 830
www.ruegen-nautilus.de
tgl. 11.30-22, Fr und Sa - 23 Uhr
€ bis €€

Preiskategorien

Alle Adressen im Info-Magazin sind MERIAN-Empfehlungen. Die Öffnungszeiten gelten für die Hauptsaison. Der Preis für ein Hauptgericht liegt bei:
€ unter 12 € €€ bis 18 €
€€€ unter 25 €

(D/E 4/5) Bergen
Kontor
Uriges Erlebnisrestaurant des Hotels Kaufmannshof, das dank der vielen Schränke, Vorratsgefäße, Registrierkassen, Schiefertafeln und Trichtern in den Regalen an einen alten Tante-Emma-Laden erinnert. Geboten wird eine ambitioniert-anspruchsvolle Regional- und Fischküche. Netter Service, sommers auch im lauschigen Biergarten unter einer großen Linde.
Bahnhofstraße 6-8
Tel. (038 38) 804 50
www.kaufmannshof.com
tgl. 8-24 Uhr € bis €€

(F 5) Binz
Fischmarkt
Hier gibt's Fisch und Meeresfrüchte aus heimischen Gewässern und den Weltmeeren zu leckeren Salaten und mit Muße Gezapftem, „denn Fisch muss schwimmen", so der Barmann im Restaurant des feinen Hotels Lissek. Für Freunde von Fischgerichten sehr zu empfehlen. Einziges Manko: Das „Fischmarkt" ist ein Kellerlokal, also recht dunkel, was aber angesichts der Küche kaum der Rede wert ist. Immer gut besucht, deswegen unbedingt reservieren!
Strandpromenade 33
Tel. (03 83 93) 38 10
www.strandhotel-lissek.de
tgl. 12-22 Uhr € bis €€

MeerSalz
Hier klingt vieles ein bisschen verwunderlich, davon sollten Sie sich aber nicht abschrecken lassen. Es gibt „gesunde, heilsame Ernährung, die auf Ihren energetischen Typ abgestimmt ist". Will heißen: Auf dem Teller sieht's etwas sparsamer aus, aber es schmeckt. Die moderne, leichte Küche bedient sich vorrangig biologisch erzeugter Produkte – vom Salat bis zum biozertifizierten Rindfleisch. Das Ganze in Wohlfühl-Ambiente ohne Zigarettenrauch.
Schillerstraße 8
Tel. (03 83 93) 66 35 55
www.meersinn.de
tgl. 12-13.30 und 17.30-19 Uhr
€ bis €€

Orangerie
Candle-Light-Dinner im Hotel Vier Jahreszeiten: Reiche Auswahl leichter Gerichte (zu empfehlen: Fisch aus Bodden und Meer) und Wildspezialitäten aus den Granitzer Wäldern ohne große Mätzchen, dazu eine Karte ausgesuchter, vorrangig deutscher Weine. Zuvorkommender Service.
Zeppelinstraße 8
Tel. (03 83 93) 500
www.jahreszeiten-hotels.de
Mo-So 18-22 Uhr
€€ bis €€€

Strandhalle Binz
Schön, dass es noch solche Küchenchefs gibt: extraordinär, extrovertiert, extravagant.
Toni Münsterteicher aus Westfalen hat Binz im Sturm erobert. „Feinbürgerliche Küche, großbürgerliche Portionen zu kleinbürgerlichen Preisen", so Münsterteichers Motto, also solide, nachvollziehbare Gerichte, die Staunen machen.
Auch das Ambiente stimmt: antike Möbel, tiefe Ledersitze und maritime Accessoires. Unser Tipp, falls kein Platz mehr zu ergattern ist: Schauen Sie im „Münsterteicher", Strandpromenade 17-18, vorbei, auch da hält die Küche höchsten Ansprüchen stand.
Strandpromenade 5
Tel. (03 83 93) 315 64
www.strandhalle-binz.de
tgl. 12-23 Uhr € bis €€

(G 5/6) Göhren
Meeresblick
Saisonales mit Schmackes und Pfiff zubereitet: Zander und Barsch aus dem Bodden, Hering aus der Ostsee, Lamm von der Insel Ruden sowie Wild aus Mönchguter Wäldern, verfeinert mit vom Küchenchef selbst gesammelten Wildkräutern. Dafür gab's schon mehrere Auszeichnungen – zu Recht. Das Personal ist aufmerksam und angenehm unaufdringlich.
Friedrichstr. 2
Tel. (03 83 08) 56 50
www.avr.de/meeresblick
Do-Di 18-21 Uhr €€

(B 2) Kloster/Hiddensee
Zum kleinen Inselblick
Gemütlicher kleiner Gasthof mit Biergarten, ausgestattet mit einem kunterbunten Sammelsurium an Möbeln und Nippes: vom Bücherregal über Schallplatten, Schiffslaternen, Gemälde, Geschirr, Emailleschilder und Kippelstühle bis hin zu Besinnungsprosa. Serviert wird ideenreiche Hausmannskost auf regelmäßig wechselnder Karte. Nix für den Gourmet, eher für den Gourmand, ein Ort zum Wohlfühlen.
Birkenweg 2, Tel. (03 83 00) 234
www.zum-kleinen-inselblick.de
Di-So 15 Uhr bis zum letzten Gast €

(F 2) Lohme
Panoramarestaurant Lohme
Wann kann man schon kirchturmhoch über der Ostsee tafeln, den Blick beim Essen in die Ferne richten, wie der Kapitän eines Luxusliners auf seiner Brücke und sich an einem Ort verwöhnen lassen, an dem Theodor Fontane „die ganze Szenerie von Lohme und Arkona ständig an Sorrent erinnerte?" Antwort: Auf der Arkona-Blick-Terrasse des Panoramarestaurants Lohme! Die Küche und perfekt darauf abgestimmte Weine begeistern. Verwendet werden – vom Wein abgesehen – überwiegend regionale Produkte, Innen-Dekor

ıierte Fischgerichte und
Service zeichnen
Restaurant „Meeresblick“
hren aus

und Service stimmen auch. Wichtig: Reservieren, sonst bleibt man draußen.
An der Steilküste 8
Tel. (03 83 02) 92 21
www.lohme.com
tgl. 12-22 Uhr €€

(D 1) Putgarten
Goldener Anker
Gemütlich-urige Dorfschänke. Was die Fischer der Insel nachts und in der Frühe fangen, kommt hier abends respektabel veredelt auf den Tisch: Ostseefisch und Bratkartoffelgerichte in allen Variationen. Sehr lecker!
Vitt Nr. 2, Tel. (03 83 91) 121 34
Während der Schulferiensaison tgl. 11-21, sonst 11-18 Uhr €

Utspann
Der Name ist wörtlich zu nehmen: Ausspannen, den Tag gemütlich in tiefen Sofas ausbalancieren, dazu ordentlich-beherzte Zapfware und bodenständig Futtern wie bei Muttern. Mit gemütlichem Biergarten. Gastronomisch das Beste, was der Norden Rügens zu bieten hat.
Dorfstraße 24
Tel. (03 83 91) 83 31
www.utspann-ruegen.de
tgl. 11 Uhr bis zum letzen Gast €

(E 4) Ralswiek
Schlossrestaurant Ralswiek
Tafeln wie die Grafen: Das Schloss Ralswiek bietet den repräsentativ-gediegenen Rahmen für die zuverlässige Pflege klassisch-deutscher Küche und ausgewählter Küstenrezepte. All das zum Beispiel im Mandarinraum, im Turmzimmer (schöner Boddenblick) oder der Grafenschenke (Gewölbe in den Tiefen der „Burg“).
Parkstr. 35, Tel. (038 38) 203 20
www.schlosshotel-ralswiek.de
tgl. ab 18 Uhr €€

(F 3) Sassnitz
Gastmahl des Meeres
Fischspezialitäten in großer Auswahl und maritimer Atmosphäre. Empfehlenswert: die Fischsoljanka.
Am Fischereihafen
Tel. (03 83 92) 51 70
www.wild-east.de/firmen/gastmahldesmeeres
tgl. 7-24 Uhr €€

(F/G 5) Sellin
Ambiance
Nichtraucher-Restaurant mit angenehm steifem Gründerzeit-Charme im Hotel Ambiance. Mediterrane Küche dominiert, teilweise zubereitet aus Produkten der Region. Zusätzlich zum „Ambiance“ bietet das Haus noch das „Clou“ (regionale Küche der gehobenen Art) und „Le Jardin“ (leichte französische Küche). In jedem Restaurant kann man auch aus den Karten der jeweils anderen wählen. Toll!
Wilhelmstraße 34
Tel. (03 83 03) 12 20
www.hotel-ambiance.de
tgl. 12-22 Uhr €€

Seebrücke Sellin
Es gibt Restaurants, da tritt das Kulinarische in den Hintergrund: Die Seebrücke Sellin ist so ein Ort. Wer hier speist, hat einen traditionsreichen Logenplatz über dem Meer, etwa im Palmengarten, im Kaiserpavillon oder auf der Plattform des Jugendstil-Schmuckstücks. Mit dem edlen Ambiente kann die Küche leider nicht mithalten: maritimes Standardprogramm, nicht schlecht, aber auch nicht besonders gut. Dennoch nicht versäumen!
Seebrücke
Tel. (03 83 03) 82 90
www.cliff-hotel.de
tgl. 10-22 Uhr (Küche ab 12 Uhr) € *bis* €€

(E 2/3) Spycker
Zum alten Wrangel (Schloss Spycker)
Beschwingte Wandmalerei auf weißem Grund nimmt dem Gewölbekeller die Schwere – das neu konzipierte Restaurant bietet mediterrane Küche mit regionalen Produkten und französischen Akzenten.
Schlossallee 1
Tel. (03 83 02) 770
www.schloss-spyker.de
tgl. 12-22 Uhr, Nebensaison bis 21 Uhr €€

Selliner Seebrücke: perfektes Ambiente, durchschnittliche Küche

MERIAN | TIPP

Wo Kohl noch geliebt wird

Die Halbinsel Wittow ist ein einziges Kohlanbaugebiet der Insel. Das feucht-warme Meeresklima sorgt selbst in trockenen Sommern für Tau auf den Pflanzen, so dass auf dem fetten Wittower Boden kräftige, feste Köpfe gedeihen. Egal ob Rot- oder Weißkohl, ob Wirsing-, Spitz-, Blumen-, Rosen- oder Grünkohl: Wenn der Herbst naht, werden auf Rügen die Kohlwochen eingeläutet. Dann gibt es in drei Dutzend Restaurants und Hotels an die 30 verschiedene Kohlgerichte, denn die Rüganer Köche verstehen es, aus dem vitaminreichen Gemüse mehr als eine Kohlsuppe zuzubereiten: von gemischter Riesen-Kohlroulade mit Weiß-, Rot- und Wirsingkohl, Heilbutt auf Schmorkohl oder Boddenzander im Wirsingmantel bis zu Rehrücken auf Champagnerkraut und Rebhuhn im Kohlbett. Das einstige Arme-Leute-Essen hat sich – mit Finesse und Einfallsreichtum veredelt – längst zu einer Delikatesse gemausert. In Bergen, Binz und Putgarten finden große Kohlmärkte statt.
Kohlwochen. Alljährlich vom letzten September- bis zum vorletzten Oktoberwochenende.

MERIAN | TIPP

Urlaubsinseln

Sie heißen Aal, Bachsaibling und Rotfeder, Hering oder Flunder und bieten Platz für zwei bis sechs Personen. Die zwölf Ferienhäuser im Badeörtchen Lauterbach sind aber nicht nur komfortabel, licht und im Schwedenstil modern eingerichtet – vielmehr ist jedes für sich ein ganz außergewöhnliches Urlaubsdomizil: Ganzjährig liegen die im Wasser schwimmenden Ferienhäuser in der Marina „im-jaich" vis-à-vis der Insel Vilm vertäut. Sie bieten unverbauten Seeblick, sanft schwankenden Boden bei Wellenschlag und Inselfeeling von Sonnenauf- bis Sonnenuntergang. Die pastellfarbenen Häuser auf Pontons sind jeweils mit eigener Bade- und Sonnenterrasse und Bootsanleger bestückt. Lediglich im Inneren sehen sie – lässt man manches Bullauge außer Acht – aus wie „gewöhnliche" Ferienhäuser: mit Wohn- und Schlafzimmer, Küchenzeile und Bad. Im Yachthafen „im-jaich" geht es ohne Protz und Rummel beschaulich zu, Segel- und Motorboote können hier gechartert und die entsprechenden Kurse dazu besucht werden. Außerdem laden ein Restaurant und ein Wellness-Center zum Wohlfühlen ein.

im-jaich
Am Yachthafen 1
(E 5/6) Putbus/Lauterbach
Tel. (03 83 01) 80 90, Fax 809 10
www.im-jaich.de
€€ *bis* €€€

Preiskategorien

Alle Adressen im Info-Magazin sind MERIAN-Empfehlungen. Preiskategorien Hotels und Pensionen in der Hauptsaison: Der Preis für ein Doppelzimmer für zwei Personen inkl. Frühstück liegt bei: € bis 80 €
€€ bis 120 €
€€€ bis 180 €
€€€€ mehr als 180 €

(G 5) Baabe
Solthus am See
Wohnen unterm Reetdach in schönem Neubau. Helle, großzügige Zimmer mit Balkon oder Terrasse bieten einen Blick über Wiesen und Selliner See. Gemütliche Bibliothek und kleiner, aber feiner Wellnessbereich, gutes Restaurant.
Bollwerkstr. 1, Tel. (03 83 03) 871 60, Fax 87 16 99
www.solthus.de €

(F 5) Binz
Grand Hotel Binz
Schönes Haus im Stil der Bäderarchitektur, tolle Lage direkt an der Strandpromenade. Alle Zimmer mit Balkon oder Terrasse, großzügiger Wellnessbereich, empfehlenswertes Restaurant, Bar, Kaminzimmer.
Strandpromenade 7, Tel. (03 83 93) 150, Fax 155 55
www.grandhotelbinz.de
€€€

Kurhaus Binz
Die Jugendstilfassade des Kurhauses dominiert seit 1908 die Strandpromenade von Binz. In den neunziger Jahren wurde das Haus aufwändig rekonstruiert und mit allem Komfort der TravelCharme-Kette bestückt. Seit der Wiedereröffnung 2001 ist das Haus ein Prunkstück der Hotellerie auf Rügen. Modernes Interieur und warme Farben bestimmen den Charme der Zimmer. Restaurants, Bars sowie luxuriöse Wellness- und Wasserwelten erwarten den Gast. Beste Lage an der Seebrücke.
Strandpromenade 27
Tel. (03 83 93) 66 50
Fax 66 55 55
www.travelcharme.com
€€€€

meerSinn
Charmantes Designhotel mit kühler Holz-Stahl-Glas-Leder-Optik und trotzdem behaglicher Atmosphäre. In zweiter Reihe hinter dem Strand gelegen. 50 elegante Zimmer und Suiten, Bar mit Kamin und Bibliothek, toller Wellnessbereich. Restaurant „meersalz" (siehe „Essen+Trinken" S. 122).
Schillerstraße 8
Tel. (03 83 93) 66 30
Fax 663 23
www.meersinn.de €€€

(D 2) Breege/Juliusruh
Atrium am Meer
In den funktional eingerichteten Zimmern dominieren helle Farben. Ateliers mit Kitchenette und Panoramafenstern. Nichtraucher-Zimmer in allen Kategorien. 600 qm großer Wellnessbereich mit Naturheilpraxis und Bädern in Rügener Heilkreide. Strandnah.
Am Waldwinkel 2-3
Tel. (03 83 91) 40 30, Fax 403 41
www.atrium-am-meer.de €€

(G 5/6) Göhren
Nordperd & Villen
Das Hotel und speziell die drei angegliederten Villen „Lo", „Brunhilde" und „Sonja" verströmen gediegenen Charme, hier fühlt man sich wohl. Gutes Preis-Leistungsverhältnis, strandnah.
Nordperdstr. 11, 18586 Göhren
Tel. (03 83 08) 70, Fax 71 60
www.travelcharme.com/ nordperd €€

Stranddistel
Nach Vorbildern der Bäderarchitektur 1995 restaurierte Hotelvilla. 20 stilvolle Zimmer und zehn geräumige Apartments, einige mit Balkon. Kaminbar, Sauna und Fitnessraum im Haus. Große Sonnen-Dachterrasse. Ruhig gelegen; drei Fußminuten zum Strand. Gästesegeln auf hauseigener Yacht.
Katharinenstraße 9
Tel. (03 83 08) 54 50
Fax 545 55, www.ruegen-hotel-stranddistel.de €€

(B 2) Hiddensee
Hitthim
Schmuckes Fachwerkhaus in bester Lage direkt am Bodden sowie am Hafen von Kloster. Individuell möblierte Zimmer. Opulentes Frühstücksbuffet, Gartenrestaurant und -café.
Hafenweg 8, Kloster
Tel. (03 83 00) 66 60
Fax 666 18
www.hitthim.de € *bis* €€

Pension Wieseneck
Fachwerkvilla in Kloster. Kleine, phantasievoll restaurierte Zimmer. Drei Minuten Fußweg zum 15 km langen Sandstrand. Schönes Gartenrestaurant mit Blick über Wiesen und Bodden.
Kirchweg 18, Kloster
Tel. (03 83 00) 316
Fax 680 24, www.wieseneck-hiddensee.de €

(F 2) Lohme
Panoramahotel Lohme
Ein Haupthaus und mehrere Gästehäuser direkt an der Kreideküste, von denen Greys Hotel das bezauberndste ist. Zehn Zimmer mit Loggia-Charakter: tief gezogene Fenster und Designer-Chic. Egal in welchem Haus man logiert, die Zimmer sind ansprechend eingerichtet und die Aussicht (Seeseite buchen!) ist unübertroffen. Das Restaurant ist ein Muss (siehe „Essen+Trinken" S. 122).
An der Steilküste 8
Tel. (03 83 02) 91 10
Fax 91 11 32
www.lohme.com €€

(E 5/6) Putbus
Badehaus Goor
18 dorische Säulen bestimmen das Erscheinungsbild des 1818

**en auf dem Wasser:
chwimmenden Ferien-
ungen im Yachthafen
auterbach bieten allen
ort und beste Lage**

erstmals eröffneten Badehauses, das mit seiner Säulenvorhalle an einen griechischen Tempel erinnert. In den fünfziger Jahren des 20. Jhs. wurde das mit Marmorwannen, Salons und noblen Gästezimmern ausgestattete Badehaus nicht eben zimperlich zum Erholungsheim des Eisenhüttenkombinats Eisenhüttenstadt umgewandelt; seit 1993 stand es leer. Ostern 2007 erfolgte die Wiedereröffnung als Wellnesshotel – nach umfangreicher Rekonstruktion und Erweiterung, u.a. um eine 600 qm große Sauna- und Badelandschaft. Am Bodden und der waldreichen Goor schön einsam gelegen.
**Fürst-Malte-Allee 1
18581 Putbus-Lauterbach
Tel. (03 83 01) 882 60
Fax 203 23 00
www.hotel-badehaus-goor.de
€€ *bis* €€€**

Wreecher Hof
Kleines Hoteldorf im traditionellen Stil der Insel mit viel Wohnkomfort in den neunziger Jahren erbaut, geräumige Zimmer und Suiten in sieben reetgedeckten Häusern in einer 10 000 qm großen Gartenanlage am Wreechensee. Elegante Bar, Küche von rustikal bis gehoben, schönes Schwimmbad im kleinen Wellnessbereich.
**Kastanienallee
18581 Putbus-Wreechen
Tel. (03 83 01) 850
Fax 851 00
www.wreecher-hof.de
€€ *bis* €€€**

(F 3) Sassnitz
Waterkant
Schön gelegen, oberhalb des Hafens mit Rosengarten, Wiese und Panoramablick übers Meer. Helle Zimmer, teils mit Balkon. Kleine, hauseigene Sauna. Gutes Preis-Leistung-verhältnis.
**Walterstraße 3, Tel. (03 83 92) 509 41, Fax 508 44
www.hotel-waterkant.de
€ *bis* €€**

(F/G 5) Sellin
Cliff-Hotel Rügen
Großer Hotelkomplex aus DDR-Tagen. Ende der 1990er Jahre renoviert. Im englischen Stil eingerichtete Zimmer. Riesiger Pool, Sauna- und Wellnessbereich, Tennisplätze.
**Siedlung am Wald
Tel. (03 83 03) 82 14, Fax 84 95
www.cliff-hotel.de
€€€ *bis* €€€€**

Kurhaus Sellin
Tolle Lage direkt am Hochufer vor der Seebrücke. Zu Recht beliebt ist die Ostseeterrasse mit Blick aufs Meer. Eleganter Wellness- und Fitnessbereich.
**Wilhelmstr. 27, Tel. (03 83 03) 951 00, Fax 951 55
www.travelcharme.com/kurhaus-sellin €€€**

(B 4) Ummanz
Pension Haide-Hof
Kleines Haus, nur fünf Fußminuten zum Schaproder Bodden, regionale Küche.
**Haide, Tel. (03 83 05) 553 60
Fax 553 59
www.haide-hof.de €**

MERIAN | TIPP

Badefreuden

Auf Rügen und Hiddensee gibt es zahllose Sandstrände. Manche messen „nur" 300 bis 500 m, die meisten aber sind kilometerlang, sodass sich allein die Sandstrände auf Rügen (vor allem im Nordosten, Nordwesten und Südosten) auf 56 km und die auf Hiddensee (Westküste) auf 14 km Länge summieren. Strände, die vor Seebädern oder Badeorten liegen bzw. daran angrenzen, bieten meist alles, was in unseren Breiten zu einem regen bzw. trägen Badeleben gehört (Restaurants, Imbissstände, Strandkörbe, kleine Läden, Surf- und Segelschulen mit saisongemäßen Öffnungszeiten). Abseits der Badeorte fehlen an den Stränden (z.B. Schaabe, Prora, Bakenberg) nicht nur die Verleiher, sondern auch die Verpfleger, so dass Essen und Trinken im Gepäck nicht schaden können. Für FKK-ler gilt als Faustregel: Nahe den Badeorten geht es überwiegend textil zu, FKK-Strände sind aber auch dort ausgewiesen. Abseits der Badeorte bräunt und badet jeder ganz nach gusto – verhüllt oder wie Gott einen schuf.

Eine Auswahl der Sandstrände

Baabe (Bäderküste) 2 km mit FKK (G 5), **Bakenberg-Nonnevitz (Wittow)** 7 km mit FKK (C/D 1), **Binz (Bäderküste)** 5 km mit FKK (F 5), **Dranske-Bug (Wittow)** 2,5 km mit FKK (C 2), **Gager (Mönchgut)** 2 km mit FKK (F 6), **Göhren, 2 Strände (Mönchgut)** 3,5 km mit FKK (G 5), **Hiddensee (Westküste)** 14 km mit FKK (B 3), **Lobbe (Mönchgut)** 2,5 km mit FKK (G 6); **Prorer Wiek (Schmale Heide)** 6 km mit FKK (F 4), **Putgarten (Wittow)** 6 km (D 1), **Sellin, 2 Strände (Mönchgut)** 2 km mit FKK (G 5), **Thiessow (Granitz)** 2,5 km mit FKK (G 6), **Schaabe (zwischen Glowe und Juliusruh)** 10 km mit FKK (D 2)

FAHRRADFAHREN

Die Radwege auf Rügen sind in der Mehrzahl gut ausgebaut: Mehr als 200 km ziehen sich durch die Landschaft oder entlang der Straßen. Viele davon auf Wittow, Mönchgut und in der Granitz. Dennoch wird es bei ausgedehnten Radtouren nicht ausbleiben, auch mal über Kopfsteinpflaster zu rumpeln oder eine der alten Alleen zu nehmen. Hier kann es bei Nässe schon mal rutschig werden. Vorsicht ist angebracht, zumal gerade in der Hauptsaison der Autoverkehr den Radelgenuss trübt. Räder können im öffentlichen Nahverkehr grundsätzlich mitgenommen werden, so in Bussen – manche fahren sommers mit Anhänger –, auf dem Rasenden Roland und auf Ausflugsschiffen. Fahrradverleiher gibt es in jedem nennenswerten Küstenort, auf Hiddensee in jedem Ort.

Geführte Radtouren:
Die Mecklenburger Radtour
Angeboten werden fünf- bis elftägige Radtouren kreuz und quer über die Insel u.a. zu Themen wie „Schlösser und Herrenhäuser", „Rügen Impressionen – Granitz, Jasmund, Hiddensee".
Zunftstr. 4, Stralsund
Tel. (038 31) 28 02 20
Fax 28 02 19
www.mecklenburger-radtour.de

(E 5) **Rügen-Besucher-Service**
Mehrtägige Fahrradtouren quer durch Rügen, aber auch Kombi-Outdoor-Touren zu Fuß, mit Fahrrad und Seekajak gehören zu dem außergewöhnlich breiten Programm. Auch im Angebot: Touren für Mütter mit Kind oder Väter mit Kind und Organisation individueller Programme für Einzelreisende und Gruppen; Vermittlung von Ferienwohnungen und -häusern.
August-Bebel-Str. 1, Putbus
Tel. (03 83 01) 605 13
Fax 613 95, www.ruegen besucherservice.de

Gute Radtouren-Vorschläge im Internet:
Vom Radsportverein Tour d' Allée, der seit 1995 verschiedene Radtouren organisiert, so die Radsternfahrt Tour d' Allée oder die Windland-Tour am Kap Arkona
Infos unter: www.tda-ruegen.de (auf Wunsch auch Vermittlung von Rad-Reiseführern).

Buch-Tipp:
Hans-Jürgen Fuß: Die schönsten Radtouren auf Rügen.
BVA Bielefelder Verlagsanstalt (Spiralheftung), 2004, 144 Seiten, 12,95 €.
Acht Tagestouren mit einer Länge von 31 bis 84 km, detaillierte Karten.

FALLSCHIRM-SPRINGEN

(D 5) **Freifall-Adventure**
Tandem-Absprung mit persönlichem Freifalllehrer nach nur 30 Min. Bodentraining aus 3000-4000 m Höhe.
Von *Juni-Sept., 208 €, Folgesprünge werden preiswerter.*
Am Flugplatz, Güttin
Tel. (01 72) 873 16 50
www.freifall-adventure.de

ERLEBNISBÄDER

Was tun, wenn's regnet? Am besten ins Wasser, und zwar in einem der Erlebnisbäder:

(B 6) **HanseDom**
Auf 2000 qm bleibt kein Badewunsch offen: Wellenbecken, Palmen, James-Bond-Felsen, Rutschen, Wildwasserbach, Whirlpool im Segelschiff, Saunawelten im Orient-Stil.
Grünhufer Bogen 18-20
Stralsund, Tel. (038 31) 373 30
www.hansedom.de
Seestern-Therme und Sauna tgl. 9.30-23 Uhr

(F/G 5) **Inselparadies Sellin**
Abenteuer- (28 °C) und Warmbecken (34 °C), dazu die106 m lange Black-Hole-Rutsche mit Lichteffekten, Whirlpools (36 °C) und großes Außenbecken, Wildwasserkanal, Sprudelliegen, Wassergeysiere, verschiedene Themensaunen.
Badstr. 1, Sellin
Tel. (03 83 03) 12 30
www.inselparadies.de
Mai-Okt. 9-22 Uhr
Nov-Apr. 10-22 Uhr

(E/F 3) **Jasmund Therme**
Spaßbecken mit kleiner Insel und Strömungskanal, 85 m lange Röhrenrutsche, großes Außenbecken und Whirlpool, vier Saunen und Dampfbad – die Therme gehört zum Hotel Steigenberger, steht aber auch Nicht-Hotelgästen offen.
18551 Neddesitz/Rügen
Tel. (03 83 02) 97700
www.ruegen.steigenberger.de
tgl. 8-22 Uhr

erparadies: Durch
:hten Wälder der Stubnitz
Pfade und Holztreppen

GOLF

(D 5) **Golfzentrum Rügen Schloss Karnitz**
Großzügige und wasserreiche Anlage im Herzen Rügens, Parcours mit 27 Löchern, gestaffelte Preisangebote: *9 Löcher Mo-Do 20 €, Fr-So 25 €, 18 Löcher Mo-Do 43 €, Fr-So 49 €, ganzjährig.* Kleine und große Ferienwohnung sowie Appartements auf dem Golfplatz. Kurse über Golf Academy Danny Witt (Schnuppergolfen; Rabbit-, Putt-, Chip-, Driver-, Pitch- und Bunker-Kurs).
Dorfstr. 11 a, Karnitz
Tel. (03 83 04) 824 70
www.golfclub-ruegen.de
Golf Academy Dany Witt
Dorftstr. 11a, Karnitz
Tel. und Fax (03 83 04) 82 99 20, www.dannywitt.de

INSELRUNDFLÜGE

(D 5) **Flugplatz Güttin**
Rügen aus der Vogelperspektive ist zauberhaft und erschwinglich. 20 Min. kosten 38 € (Erwachsener), 25,50 € (Kind). Verschiedene Routen sind möglich: Güttin-Hiddensee-Kap Arkona-Güttin (30 Min.), Rund um Rügen (60 Min.), Rügen-Usedom (90 Min.)
18573 Güttin
Tel. (03 83 06) 12 89
www.Flugplatz-Ruegen.de
Rundflüge tgl. ab 10 Uhr

KAJAK

Seekajak-Reisen
Gefahren wird ausschließlich im Seekajak, dem klassischen Fortbewegungsmittel der Inuit, der grönländischen Eingeborenen. Gäste ohne Erfahrung im Seekajak sind jedoch nie im Einer, sondern immer im Zweier unterwegs. Tagestouren u. a. zur Kreideküste, um die Halbinsel Mönchgut, um Vilm wie auch Hiddensee. Mehrtagestouren u. a. 3 Tage Eispaddeln, Rügenumrundung in 8 oder 15 Tagen.
(C 7) Seekajakreisen
Am Strelasund 6a
Brandshagen
Tel. (03 83 28) 65 99 38
Fax (018 05) 060 33 66 70 10
www.seekajakreisen.de
Apr.-Okt., einige Angebote ganzjährig.

KITESURFEN

(B 4) **Kite Island und Windsurfing Rügen**
Kurse für Anfänger und Fortgeschrittene, Kite-Camps über verlängerte Wochenenden, Verleih von allem nötigen Zubehör. Unterbringung im Rügen-Surfhostel (gemütliche Pension mit Bungalows).
Ostseecamp Suhrendorf
auf Ummanz
Tel. (03 83 05) 822 40
Fax 537 46
www.kite-island.de

(D 1) **Kite-Sportschule Fly a Kite**
Schule direkt hinter der Düne des Ostseestrands auf Wittow. Geschult wird im windsicheren Stehrevier des Wieker Boddens, max. 2 Schüler pro Lehrer. Verleih von Kite-Equipment nur nach erfolgreich absolviertem Kurs oder an Inhaber der Kitesurf-Lizenz.
Campingplatz Drewoldke (bei Juliusruh) Zittkower Weg 27
Altenkirchen/OT Drewoldke
Tel. (03 83 91) 76 08 80
oder (01 62) 155 15 10
www.fly-a-kite.de

REITEN

Wer einen Reiturlaub auf Rügen plant, sollte bei der Tourismuszentrale Rügen (siehe S. 134) die Broschüre „Reiten auf der Insel" (3,60 €) anfordern. Hier erhält man alle nötigen Infos über die 19 Reiterhöfe der Insel, deren Angebote (u.a. auch Therapeutisches Reiten) und Unterkünfte. Eine kleine Karte bietet einen ersten Überblick über das inselweite Reitwegenetz. Wissenswertes zu Ross und Reiter auf Rügen bietet auch die Website www.reiten-auf-ruegen.de, u.a. eine interaktive Übersichtskarte mit Reiterhöfen, deren Leistungen und Preise. Wer sich jedoch erst vor Ort entscheidet, ein paar Stunden oder öfter aufs Pferd zu steigen, wird mit den folgenden Höfen gute Erfahrungen machen – egal ob bei Geländeausritten oder Reitstunden, beim Ponyreiten, Voltigieren oder Kinderreiten mit ersten Longenstunden und erstem freien Reiten.

(D 4) **Reittouristik Heike Thomsen**
Lehrpferde sind Mecklenburger Warmblüter und Haflinger;

Fahrrad-Ausflügler am Großsteingrab Riesenberg bei Nobbin

MERIAN | TIPP

Abenteuer Natur

Die Wunder der Natur lassen sich meistens draußen erleben, auf Rügen aber auch drinnen, im Museum: Deutschlands kleinster Nationalpark, der Nationalpark Jasmund, umfasst Ostsee mit Flach- und Tiefwasserbereichen, Strand und Steilküste, dichten Wald, meistens Buche und Rotbuche, Moore und zahllose Bäche und kleine Rinnsale. Und darin allerlei Lebewesen. In all das führt im Nationalpark-Zentrum Königsstuhl eine moderne und zudem spannende Naturerlebnis-Ausstellung und Multivisions-Show ein. Ein Museum für die ganze Familie: Räume mit Aquarien illustrieren u.a. die Unterwasserwelt, es geht über Treppen vorbei an einer Kreidewand und durch Höhlen im Erdreich. Sehen, ertasten, bestaunen, begreifen. Für Erwachsene gibt es drei unterschiedliche Audio-Begleiter, die entweder auf „Schönheit", „Abenteuer" oder „Neugier" im Naturerleben zielen; Kinder wiederum werden per Kopfhörer von der Maus Mimi und dem Raben Krax begleitet. Der Naturspielplatz ist ebenfalls ein Highlight, und die 25-minütigen Kurzführungen „Kreide, Küste und Meer" (Apr. bis Okt. 11.20, 12.20, 13.20, 14.20, 15.20 Uhr) mit Rangern zur Kreideküste sind sehr zu empfehlen.

(F 2/3) **Nationalpark-Zentrum Königsstuhl**
Großparkplatz beim Dörfchen Hagen, von dort Shuttle-Bus. Oder zu Fuß über die Hochuferwege bzw. mit dem Bus ab Sassnitz.
Tel. (03 83 92) 66 17 66
Ostern-Okt. tgl. 9-19 Nov.-Ostern tgl. 10-17 Uhr

MERIAN | TIPP

Kinder(s)pass

Wer Urlaub mit Kindern macht, nutzt gern jede Chance, die Ferientage so preisgünstig wie möglich zu gestalten: Mit einem Kinder(s)pass-Kinderpass, also einem Heft mit Freizeit- und Restaurant-Gutscheinen, können die Kosten von manchen Freizeitaktivitäten und Restaurantbesuchen deutlich gesenkt werden – und das für eine Bestellgebühr von 12,50 €. Das Prinzip ist einfach: Bis zu zwei Kinder bekommen bei Vorlage der Gutscheine Essen oder Eintritt gratis in Begleitung der zahlenden Eltern. Am besten, man schaut vor Reiseantritt im Internet, ob sich die Investition angesichts der teilnehmenden 14 Restaurants und 21 Freizeiteinrichtungen lohnt. Dabei sind unter anderem eine Buggy-Bahn, eine Go-Kart-Bahn, ein Kanu-Veranstalter, Schiffstouren-Veranstalter und die Mönchguter Museen.

www.kinderspass.de
oder Tel. (038 38) 80 99 90

für Kinder stehen Ponys bereit. Einzelunterricht über Aufbaukurse bis zu fünfstündigen Ausritten (mit Korrektur, Ritt im Wasser und Lunch). Der Hof liegt in Neuendorf auf halbem Weg zwischen Bergen und Gingst; die gemütlichen modernen Ferienhäuser für Reiterferien stehen 10 Autominuten entfernt in Lüßvitz nah am Kubitzer Bodden (C 4).
Neuendorf Nr. 8, Boldevitz
Tel. (038 38) 31 36 08
oder (01 72) 327 58 46
Fax (038 38) 31 36 10
www.reitspass-ruegen.de

(F 2) **Pferdehof „Zum Königstuhl"**
Am Nationalpark Jasmund gelegen. Unterricht auf der Anlage für Anfänger und Kinder. Geländeritte durch den Nationalpark zum Königsstuhl; mehrstündige Ausritte. Vier preiswerte Ferienwohnungen für 4 - 6 Personen, jeweils mit Blick auf die Ostsee bis zum Kap Arkona; großzügig geschnitten und Stallluft-isoliert im Dachgeschoss des Pferdestalls. Frühstück (nur für Gruppen) mit Spezialitäten vom nahen Ökohof Bisdamitz.
Rantzower Weg 3
Ranzow/Lohme
Tel. (03 83 02) 27 88
und 01 72/592 83 74
oder 01 71/651 51 13
Fax 81 31 17
www.pferdehof-koenigstuhl.de

(E 5) **Appaloosazucht und Reitbetrieb Hof Viervitz**
Rund 10 Autominuten von Binz bzw. Putbus entfernt. Ausritte von 1-2 Stunden bis zu Tagesritten von 5-6 Stunden durch abwechslungsreiches Gelände bis zum Bodden. Schulpferde sind geländesichere Appaloosa- und Quarterhorse-Stuten sowie drei Ponys und ein Shettie für die Kleinen. Drei kleine, ruhig gelegene Ferienhäuser (jeweils 24 qm) mit allem nötigen Wohnkomfort.
Viervitz 3a, Zirkow
Tel. (01 79) 506 98 93
www.hof-viervitz.de

SCHIFFSAUSFLÜGE

Ob ehemalige Fischkutter oder moderne Fahrgastschiffe, mehrere Reedereien bieten die Möglichkeit, Rügen von Ostsee, Bodden und Strelasund aus zu bestaunen. Von Göhren, Sellin, Binz und Sassnitz fahren Schiffe zur Kreideküste, zum Kap Arkona oder rund um Rügen. Schiffe nach Hiddensee stechen nicht nur von Schaprode in See, sondern auch von Wiek, Kuhle, Breege und Stralsund. Ab Lauterbach oder Baabe geht's um die Insel Vilm und von Gager rund um Vilm, nach Mönchgut und mehrmals wöchentlich sogar bis Peenemünde (freitags mit Ausflügen auf die Inseln Greifswalder Oie und Ruden).
Boddenreederei Rügen
Tel. (03 83 08) 83 89
www.boddenreederei-ruegen.de
Vom Fährhafen Mukran bei Sassnitz aus können Tagesausflüge nach Südschweden unternommen werden.
Tel. (03 83 92) 644 20
www.scandlines.de

MS „Insel Rügen" und „Nordwind"
Von Sassnitz zu den Kreidefelsen.
Reederei Lojewski
Tel. (03 83 92) 351 36
Bordtel. (01 71) 642 93 96
und (01 71) 990 32 94
www.Reederei-Lojewski.de
tgl. außer bei rauer See
bis zu neun Abfahrten zwischen 10 und 16.30 Uhr

MS „Cap Arkona", „Marco Polo" und „Binz"
Ab Göhren, Sellin, Binz und Sassnitz führen je nach Hafen bis zu fünf Fahrten täglich zu den Kreidefelsen. Zudem Inselumrundungen ab Binz, Sellin und Sassnitz (ohne Landgang), Fahrten zum Kap Arkona sowie Bäder-Verkehr.
Reederei Ostsee-Tour
Tel. (03 83 92) 31 50
www.reederei-ostseetour.de
Apr.-Okt. tgl.

MS „Lamara"
Gut zweistündige Tour mit dem Schiffsoldtimer „Lamara" von Baabe durch Having und Boddenlandschaft um die Insel Vilm.
Heinrich Olbert
Bord-Tel. (01 60) 96 67 78 99
www.ms-lamara.de
Karfreitag-Okt.

SURFEN & SEGELN

Rund um Rügen sowie auf dem Bodden gibt es jede Menge gute Segel- und Surfreviere. Schulen, die zugleich auch die nötige Ausrüstung verleihen, finden sich an allen wichtigen Küstenabschnitten. Angeboten werden Kurse für Neueinsteiger wie auch Könner jedweder Disziplin. Entsprechende Anbieter gibt es z.B. in Baabe, Breege-Juliusruh, Gager, Poseritz, Prora, Sagard, Seedorf, Suhrendorf oder Thiessow. Segelinfos über die Tourismuszentrale in Bergen oder unter **www.segeln-auf-ruegen.de**

Schulen und Verleiher mit Übernachtungsangeboten:
(E 5/6) **Im Jaich-Wassersport**
Schnuppersegelkurse oder Schnupperregatten rund um Vilm. Motorbootverleih (Halb- und Ganztagscharter), Yachtcharter, Grundkurs Segeln und Navigations-Seminare, darüber hinaus Kurse für alle wichtigen Seefahrtsscheine auf hochwertigen Schulungsyachten.

ꞌnfängerausritt bis
gestour durchs Gelände:
r mehr Besucher ent-
n Rügen hoch zu Ross

Unterbringung siehe S. 124 (Über Nacht).
Am Yachthafen 1, Lauterbach
Tel. (03 83 01) 80 90
Fax 809 10, www.im-jaich.de

(C 1/2) **Uni Surf Team Rügen**
Geboten wird alles rund um die Wassersportarten Windsurfen, Kiten und Segeln sowie Kajak- und Kanufahren. Doktor Kite, die Kite-Schule (www.doktorkite.de), ist mobil und reagiert auf die Windverhältnisse. Bootsverleih nur nach entsprechenden Kursen bzw. gegen Vorlage der nötigen Lizenzen. Zahlreiche Gruppenangebote.
Am Ufer 14, Dranske
Tel. (03 83 91) 898 98
(Mai-Okt.) oder
43 97 57 (Nohotel)
Fax 935 44
www.ustruegen.de

(B 6) **Sail & Surf Rügen**
Sail & Surf hat seinen Hauptsitz in Altefähr am Strelasund, unterhält von Mai-Sept. aber auch die Surfschule „Mönchgut" in Thiessow sowie die Surf- und Segelschule „Binz" in Prora. Verschiedene Kurse in Katamaran- und Jollensegeln, Wind- und Kitesurfen, Führerscheinausbildung. Vermietung von Cats, Jollen und Surf- und Kitesurf-Equipment, Kajaks und Neopren-Anzugen. Im Angebot zudem Yachtcharter und einfache Zimmer im Jugendgästehaus Altefähr. Von Juni bis Sept. zudem sechs Katamaran-Törns rund um Rügen.
Am Fähranleger, Altefähr
Tel. (03 83 06) 232 53
Fax 62 98 52
www.segelschule-ruegen.de

WANDERN

Lässt sich nun zu Fuß oder mit dem Rad die landschaftliche Vielfalt auf Rügen und Hiddensee am besten erkunden? Aktivurlauber sind sich uneins. Letztlich sollte das jeder für sich entscheiden, und manchmal macht's ja auch die Mischung. Jedenfalls ist das Wanderwegenetz noch weiter gespannt als das Radwegenetz. So zum Beispiel im *Nationalpark Jasmund*, einem bezaubernden Wandergebiet, wo Radler vielerorts nichts verloren haben, um die sensible Flora nicht zu verletzen. Die Wege auf Rügen wie auch auf Hiddensee sind sehr gut ausgeschildert; sodass Wanderer problemlos von A nach B kommen sollten, ob am Bodden entlang, auf einem Hochuferweg oder durch den Wald. Zudem gibt es geführte Wanderungen:

(G 5) **Rundwanderweg Südost-Rügen**
Der Verein „Wanderfreunde SBG Rügen e. V." hat 1999 einen Rundwanderweg Biosphärenreservat Südost-Rügen eröffnet, der Wanderern über 121 km eine einzigartige Landschaft präsentiert. Start und Ziel ist in Baabe; die Wege sind ganzjährig begehbar und führen durch Badeorte, alte Fischerdörfer, über Moore, Salzwiesen und entlang der Steilküste; dabei bieten sich faszinierende Ausblicke über Land, Ostsee und Bodden. Infos und Übernachtungsverzeichnisse:
Wanderfreunde SBG Rügen e.V., Norbert Topel
Tel. (03 83 03) 13 30 oder
Angelika Richter
Tel. (03 83 03) 862 82
www.dvv-wandern.de/ruegen/

(F/G 5/6) **Steinzeit- und Kräuterwanderungen**
René Geyer veranstaltet kenntnisreich Wanderungen in die Ur- und Frühgeschichte Südost-Rügens. Die Touren führen u.a. zu den beeindruckenden Hünen- und Hügelgräbern (ganzjährig außer Nov, Mi, Fr 10 Uhr, So 13 Uhr). Außerdem bietet er Wild- und Heilkräuterwanderungen durch das Zickersche Höft im Biosphärenreservat Südost-Rügen an.
Apr.-Okt. Mo, Do 10 Uhr
Sa 13 Uhr
Wanderungen mit René Geyer aus Lancken-Granitz. Aushänge in Kurverwaltungen beachten oder telefonisch anmelden:
Tel. (01 73) 989 80 31
www.naturgeyer.de

Wanderungen mit Rangern
Die Ranger vom Nationalpark Jasmund bieten von Apr.-Okt. kostenfrei geführte Streifzüge, Spaziergänge und Wanderungen an. Die aktuellen Angebote bekommt man auf der Website (www.koenigsstuhl.com) und bei den Fremdenverkehrsämtern. Täglich findet eine Wanderung von Sassnitz zu den Wissower Klinken (F 3), Di von Nipmerow zum Königsstuhl (F 2) und Mi von Lohme zum Königsstuhl (F 2) statt. Das Biosphärenreservat Südostrügen bietet Entdeckungstouren von Sellin durch die Granitz (F 5) und von Lauterbach in die Umgebung von Putbus (E 5) an. Wanderungen auf dem Südbug (von Dranske), Mi, Nationalparkamt Vorpommersche Boddenlandschaft.
Nationalpark-Zentrum Königsstuhl
Tel. (03 83 92) 661 70
Fax 66 17 40
Gruppenanmeldung unter
Tel. (03 83 92) 350 11

Weitere geführte Wanderungen werden von den Touristinformationen der Badeorte organisiert. Die Routen führen zum Beispiel über die Granitz, Mönchgut und die Halbinsel Wittow.

Atemberaubende Ausblicke bieten sich auf dem Hochuferweg von Sassnitz zum Königsstuhl

MERIAN | WANDERWEGE

Rügen zu Fuß

Durch Wiesen, Wald und Felder am Meer entlang: Für Wanderer ist die Insel ein traumhaftes Revier

WANDERUNG 1

AUF DEM KÖNIGSWEG

Sassnitz → Wissower Berg → Viktoriasicht → Königsstuhl
(ca. 8 km/2,5 h reine Gehzeit) (F 2/3)

Die idealen Jahreszeiten für den wohl schönsten Wanderweg Rügens sind Frühjahr oder Herbst; vorzugsweise am frühen Morgen, wenn die Sonne schräg in die Buchenwälder fällt und die Kreidefelsen beleuchtet. Startpunkt ist **Sassnitz** und dort der Parkplatz am Ende der **Weddingstr.** (am Nordostrand des Orts). Nahebei führt eine Treppe zum **Hochuferweg**, der durch den Buchenwald führt, und meist nah an der Steilküste bleibt. Immer wieder öffnen sich traumhafte Ausblicke auf die Küstenlinie und das Meer – gewissermaßen als Vorgeschmack auf Kommendes. Es geht ein wenig auf und ab, manche Treppe ist zu nehmen: **Piratenschlucht** (hier soll sich einst Störtebeker samt Mannschaft und Beute versteckt gehalten haben), **Hengst** (ein slawischer Burgwall) und **Lenzer Bach** heißen die ersten Landmarken am Weg, bis nach einer guten halben Stunde jener Ort erreicht ist, an dem bis Februar 2005 – bis zum Abbruch – die **Wissower Klinken** über die Küste hinausragten. Kurz danach folgt die **Ernst-Moritz-Arndt-Sicht** mit schönem Blick auf die Kreideküste; dann führt der Weg auf etwa 1,5 km etwas von der Küste weg und tiefer in den Wald hinein, bis er am **Kieler Bach** (mit Schlucht, Abstieg zum Ufer und kleinem Wasserfall) wieder auf die Küstenlinie trifft. Links der Buchenwald, rechts das Meer, dazwischen der Hochuferweg; so geht es weiter, bis ein Steg über den **Kollicker Bach** führt – ebenfalls mit Abstieg zur Ostsee – und die Steilküste dann Richtung Nordwesten abknickt. Von hier ist es nicht mehr weit bis zur **Viktoria-Sicht** in der **Kleinen Stubbenkammer** und dem **Königsstuhl** (Zutritt auf die Plattform: Erwachsene 1 Euro, Kinder 0,25 Euro) in der **Großen Stubbenkammer**. Zwischen beiden Aussichtspunkten führt eine Treppe zum Strand – aber Achtung, 110 Meter Höhenunterschied sind über mehr als 400 Stufen zu überwinden, und die muss man auch wieder nach oben steigen. Wer mag, kann die Wanderung vom **Königsstuhl** bis nach **Lohme** (weitere 4 bis 4,5 km) fortsetzen und den Rückweg erst dort antreten. Für alle anderen fahren Busse vom Nationalpark-Zentrum zurück nach Sassnitz (oder zum Parkplatz Hagen nahe der Straße Glowe-Sassnitz).

Tipp: Egal, ob man Steilküste und Königsstuhl nun erwandert oder nicht – eine Schiffspartie entlang der Kreideküste ist in jedem Fall ein Erlebnis, dass sich Rügen-Urlauber nicht entgehen lassen sollten (siehe „Aktiv“ S. 126).

WANDERUNG 2

EINMAL BIS ANS KAP

Putgarten → Nordstrand → Gellort → Kap Arkona → Vitt → Putgarten
(ca. 14 km/4 h Gehzeit) (D/E 1)

Dem Wanderer soll's recht sein: Das Auto muss auf einem der Großparkplätze vor dem Dorf stehen bleiben, da **Putgarten** verkehrsberuhigt ist. Die meisten Besucher gehen von dort direkt ins Dorf und zum **Kap Arkona** – und verpassen damit viel. Schließlich führt der schönste Weg zum Kap – der am Hochufer entlang – erst mal vom Kap weg, Richtung Nordwesten, und trifft dort nach wenigen Fußminuten auf den **Varnkevitzer Weg**, eine schmale Asphaltstraße. Dem Weg nach links, Richtung **Varnkevitz,** folgen und wenige Meter hinter dem Abzweig nach **Fernlüttkevitz** nach rechts auf einen Plattenweg einschwenken, der geradewegs nach Norden und nach ca. 1 km auf den **Hochuferweg** führt. Dort ist die Richtung klar – schließlich sind die Leuchttürme am Kap immer im Blick. Wer noch einen Badestopp einlegen möchte, findet hier einen Abstieg zum Sandstrand; ansonsten geht's weiter auf dem nah an der Abbruchkante entlang führenden Hochuferweg gen Osten, zum Kap, das bei gemütlichem Ausschreiten nach ca. einer Dreiviertelstunde erreicht ist. Allerdings nicht das Kap Arkona – das liegt etwa 500 bis 600 m weiter südlich –, sondern der **Gellort**, das wirkliche Nordkap Rügens. Darunter brandet die Ostsee gegen den Steinstrand; es gibt einen Abstieg zum Meer, und für all jene, die auf dem Hochuferweg bleiben, reiht sich Aussichtspunkt an Aussichtspunkt. Vorbei an der **Königstreppe**, die zur mehr als 40 m tiefer gelegenen Ostsee führt, ist Kap Arkona mit seinen Leuchttürmen, Ausstellungen und Imbissen schnell erreicht. Ein Ort, der seinen Zauber am ehesten am frühen Morgen oder späten Nachmittag verbreitet, wenn der Besucheranstrom überschaubar bleibt. Gleiches gilt für die nicht weit entfernte **Jaromarsburg**, eine slawische Tempelfeste hoch über dem Meer. Geht man auf dem Hochuferweg weiter, liegt bald das Örtchen **Vitt** vor einem. Zu sehen ist das kleine Fischerdorf jedoch erst, wenn man über Treppen gewissermaßen hineinstolpert. Vitt duckt sich vor fremden Blicken und vor dem Wind in eine tief eingeschnittene Schlucht. Nach Pause und Stärkung sollten Wanderer noch einen Blick in die kleine Kapelle über dem Dorf werfen, in der Pastor Ludwig Kosegarten seine Predigten mitunter sehr schnell beendete und die Fischer mit der Neuigkeit „de Hiering kümmt“ vorzeitig entließ. Eine Asphaltstraße führt nach **Putgarten** und damit auch zum Parkplatz zurück.

Als Gott Rügen schuf, so heißt es in einer Inselsage, warf er am sechsten Tag kurz vor Sonnenuntergang eine Kelle Erde vor die Küste. Dann strich der liebe Gott mit der Kelle die Kanten grade und machte die Ränder glatt. Inzwischen war die Sonne fast untergegangen und Gott wollte Feierabend machen, also kratzte er aus seinem Kübel alle Erdreste mit der Kelle zusammen und warf sie zu der Insel hinüber. So entstanden Jasmund und Wittow und die glatte Küstenlinie wurde rau und ungefüge, aber Gott dachte: „'S ist Feierabend und nu' lass es mal wie es ist.“ Seitdem bietet sich ihm vom Himmel aus dieses herrliche Bild.

Orte

Altefähr .... B 6
Altenkirchen .... D 1
Altkamp .... D/E 6
Baabe .... G 5
Bergen .... D/E 4/5
Binz .... F 5
Bobbin .... E 3
Breege .... D 2
Breetz .... D 3
Dranske .... C 1/2
Gager .... F 6
Garz .... D 6
Gingst .... C 4
Glowe .... E 2
Göhren .... G 5/6
Granskevitz .... C 3
Groß Schoritz .... D 6/7
Groß Zicker .... F/G 6
Gummanz .... F 3
Güttin .... D 5
Jarnitz .... E 4
Juliusruh .... D 2
Karnitz .... D 5
Kartzitz .... D 3
Klein Kubbelkow .... D 5
Klein Kubitz .... C 4
Kloster .... B 2
Kuhle .... C 1
Lancken-Granitz .... F 5
Lauterbach .... E 5/6
Liddow .... D 3
Lieschow .... C 4
Lobbe .... G 6
Lohme .... F 2
Middelhagen .... G 6
Moritzdorf .... F 5
Neddesitz .... E/F 3
Neu Mukran .... F 4
Neuendorf .... B 3
Neuendorf .... D 4
Neuenkirchen .... D 3
Pansevitz .... D 4
Parchtitz .... D 4
Plogshagen .... B 3
Polchow .... E 3
Poseritz .... C/D 6
Prora .... F 4
Putbus .... E 5
Putgarten .... D 1
Ralswiek .... E 4
Rambin .... C 5
Ranzow ....
Rappin ....
Reischvitz ....
Ruschvitz ....
Sagard ....
Samtens ....
Sassnitz ....
Schaprode ....
Seedorf ....
Sellin ....
Silenz ....
Spyker ....
Stralsund ....

.... F 2	Thiessow .... G 6
.... D 3	Trent .... C 3
.... D 4	Unrow .... C 4
.... E 2	Varnkevitz .... D 1
.... E 3	Venz .... D 3
.... D 5	Vieregge .... D 2
.... F 3	Viervitz .... E 5
.... C 3	Vitt .... D/E 1
.... F 5	Vitte .... B 2
.... F/G 5	Waase .... C 4
.... D 4	Wiek .... C/D 2
.... E 2/3	Woorke .... D 4
.... B 6	Zirkow .... E 5

MERIAN-Straßenkarte
RÜGEN
0
3 km
N
Ostsee
Tromper Wiek
Wittow
Schaabe
Breeger Bodden
Lebbiner Bodden
Großer Jasmunder Bodden
Kleiner Jasmunder Bodden
Jasmund
Nationalpark Jasmund
Stubnitz
Prorer Wiek
Schmale Heide
Rügen
Rügischer Bodden
Greifswalder Bodden
Biosphärenreservat Südost-Rügen
Naturschutzgebiet Granitz
Naturschutzgebiet
Zudar
Mönchgut
Having
Hagensche Wiek
Tetzitzer See
Kap Arkona
Schinkelturm
Jaromarsburg
Putgarten
Altenkirchen
Wiek
Breege
Glowe
Königsstuhl
Viktoriasicht
Sagard
SASSNITZ
Fischerei- und Hafenmuseum
Fährhafen Sassnitz
Lietzow
Prora
BERGEN auf Rügen
Ernst-Moritz-Arndt-Turm
Binz
Jagdschloss Granitz
Sellin
Baabe
Göhren
Buskam
Putbus
Lauterbach
Garz/Rügen
Samtens
Thiessow
Lotsenmuseum
Deutsche Alleenstraße
Trelleborg
Bornholm
Klaipėda (Memel)
Lubmin
D
E
F
G
1
2
3
4
5
6
7

MERIAN | RÜCKBLICK

Uns' Klaus

Der Schatz des Piraten wurde auf Rügen bis heute nicht gefunden, aber für die Insel sind die Störtebeker-Festspiele mindestens ebenso wertvoll

Wie grausam Klaus Störtebeker und seine Seeräuber, die Likedeeler, „Gleichteiler“, auch gewesen sein mögen, der Volksmund hob sie in den Himmel. Die Freibeuter überfielen und plünderten im ausgehenden 14. Jahrhundert Kogge um Kogge und erleichterten damit die „Pfeffersäcke“, reiche hanseatische Kaufleute.

Viele Orte beanspruchen, Geburtsstätte des um **1360** Geborenen zu sein. Wahlweise kam er als verarmter Ritter aus **Halsmühlen** bei Verden an der Aller daher, wurde zum friesischen Findeljungen umgedeutet oder erblickte das Licht der Welt in **Wismar**, wo ein Nicolao Stortebeker **1380** im liber proscriptorum, im „Verfestungsbuch“, der Stadt auftaucht. Dem waren bei einer Schlägerei mehrere Knochen gebrochen worden – wahrscheinlich in einem Wirtshaus, bedeutet doch sein Name „Stürz den Becher“. Einen Vier-Liter-Humpen Bier soll er geschafft haben, ohne Luft zu holen. Ex und weg! Ach, der Störtebeker, ein ganzer Kerl! Auch ein gräflicher Seitensprung, der in einer Fischerkate in **Ruschvitz auf Rügen** aufwuchs, könnte er gewesen sein. Oder, oder – jedenfalls zieht Rügen den meisten Gewinn aus dem Leben des Piraten und bringt mit den **Störtebeker-Festspielen in Ralswiek** (siehe Seite 117) dessen Leben alljährlich auf die Naturbühne.

Als gesichert gilt, dass die Seeräuber unter Störtebeker und Gödeke Michels **König Albrecht von Schweden** im Kampf gegen die dänische **Königin Margarethe I.** unterstützten. Die Piraten durchbrachen die dänische Blockade Stockholms und versorgten die Stadt mit Lebensmitteln, Viktualien, weshalb sie Vitalienbrüder genannt wurden. Störtebekers Vitalienbrüder überfielen Schiffe in Ost- und Nordsee, ausgestattet mit Kaperbriefen unterschiedlicher Herren. 1398, nach der Niederlage gegen eine Übermacht des Deutschritterordens und dem Verlust ihrer wichtigsten Ostsee-Basis auf Gotland, verlegten sie ihr Geschäftsfeld in die Nordsee. Hier fanden die Likedeeler Unterschlupf bei friesischen Häuptlingen, Störtebeker soll sogar eine Häuptlingstochter geheiratet haben. 1400 stellte Herzog Albrecht von Holland die Likedeeler unter seinen Schutz. Geholfen hat's wenig: Im **April 1401** wurde Störtebeker mit seinen Mannen von einer hamburgisch-hanseatischen Flotte unter **Simon von Utrecht** vor Helgoland gefangen genommen und am **20. Oktober 1401** auf dem Hamburger Grasbrook enthauptet. Einen Teil seiner Beute, einen unermesslichen Schatz, so sagt die Legende, soll der berühmte Likedeeler bei den **Rügener Kreidefelsen** versteckt haben. Er wurde bis heute nicht gefunden.

GESCHICHTSDATEN

Um 8000 v.Chr. Erste dauerhafte Besiedlung Rügens und Hiddensees.

4000-3000 v. Chr. Lietzow-Kultur: Zahlreiche Funde von Werkzeugen aus Feuerstein und Keramik um Lietzow herum belegen den Übergang von wandernden Jägern und Sammlern zu sesshaften Ackerbauern und Viehzüchtern.

3000–1800 v.Chr. Anlage von Großsteingräbern an unterschiedlichen Orten.

1800-600 v.Chr. Bronzezeit: Die Großsteingrabanlagen werden durch die Einzelgrabkultur abgelöst.

600 v. Chr. Der Germanenstamm der Rugier, nach dem Rügen benannt ist, lässt sich auf der Insel nieder.

300 v.Chr. bis 300 n.Chr. Römische und phönizische Waren gelangen bis Rügen, im Tausch gegen Bernstein.

3.–6. Jh. Völkerwanderung: Die Rugier verlassen Rügen und Hiddensee gen Süden.

6./7. Jh. Die Ranen, ein aus dem Osten kommender kriegerischer Slawenstamm, lassen sich auf den Inseln nieder. Auf dem Rugard, in Garz und am Kap Arkona bauen sie Festungen mit Burgwällen, die zugleich Kultstätten sind.

1168 Dänen unter König Waldemar I. erobern die Insel und zerstören die Tempelburg Arkona; der Ranenfürst Jaromar I. unterwirft sich und wird dänischer Lehnsträger. Beginn der Christianisierung Rügens.

1193 Gründung des Zisterzienserinnenklosters von Bergen, dessen Marienkirche der älteste erhaltene Sakralbau Rügens ist.

1234 Fürst Witzlaw I. verleiht Stralsund das Stadtrecht; in der Folge entstehen Kirchen auf Rügen, z. B. in Altenkirchen, Schaprode und Vilmnitz.

ab 1252 Zisterziensermönche aus Eldena erwerben den äußersten Osten von Rügen, das spätere Mönchgut.

1319 Erste schriftliche Erwähnung von Garz, das damit älteste Stadt Rügens ist.

1325 Mit dem Tod von Fürst Witzlaw III. erlischt das ranische Fürstenhaus. Rügen und Hiddensee fallen an das Herzogtum Pommern-Wolgast. Die Kirchenhoheit bleibt beim dänischen Bistum Roskilde.

ab 136 Adelsfamilien mit ausgedehnten Ländereien üben die weltliche Macht aus; zum führenden Zweig steigt das Geschlecht derer zu Putbus auf.

1361-70 Die Hanse bekämpft die dänische Vormacht im Ostseeraum; nach dem Sieg des Städtebündnisses gewinnt es seine volle Handelsfreiheit.

1401 Klaus Störtebeker, der Pirat und Anführer der Vitalienbrüder, die Schiffe in der Ostsee kaperten, wird hingerichtet.

ab 1534 Reformation in Pommern; Säkularisierung der Klöster Bergen und Hiddensee .

1613 Stadtrecht für Bergen.

Um zwölf Meter überragt der „Neue Leuchtturm" von 1902 den Schinkelturm. Der große ist noch in Betrieb, im kleinen wird geheiratet

MERIAN | LICHTZEICHEN

Zeitgemäße Beleuchtung

Die Leuchttürme auf Rügen und Hiddensee sind noch immer wichtige Navigationshilfen für Seefahrer – und beliebtes Ausflugsziel für Touristen

Die Neuzeit begann in Vorpommern mit einer Laterne, 17 Ölbrennern und ebenso vielen Spiegeln. Als **1828** im **Leuchtturm am Kap Arkona** das Licht anging, war die Seefahrt um einen Schrecken ärmer. Hunderte von Schiffen waren seit Wikingertagen und Hansezeiten vor Rügens Nordküste untergegangen. Fackeln, kleine Feuer am Ufer oder Lichter auf Kirchtürmen, deren Unterhalt Pfarrer und Mönche als gottgefälliges Nachtwerk empfahlen, hatten in den Jahrhunderten zuvor in stürmischer Nacht manch heimischem Fischer den Weg weisen können – ortsunkundige Schiffer aber scheiterten immer wieder an den klippenreichen Gewässern Rügens.

Das Bauwerk am Kap Arkona entstand nach Plänen des Architekten **Karl Friedrich Schinkel** (1781-1841), Mitglied (und bald darauf Leiter) der Preußischen Oberbaudeputation. Auf quadratischem Grundriss hatte der Baumeister der Neuen Wache und des Alten Museums in Berlin drei jeweils leicht zurückspringende Geschosse geplant. Obenauf, in 21 Meter Höhe, thronte die Laterne, ein Glasaufsatz für das Leuchtfeuer. Der „Schinkelturm" – wie er heute genannt wird – ist der älteste feste Leuchtturm im Bundesland Mecklenburg-Vorpommern und einer der ältesten an der deutschen Ostseeküste.

In Vorpommern entstand ein Seezeichen nach dem anderen. **1848** folgte der Leuchtturm auf der Halbinsel Darß und sieben Jahre später das mit fast 39 Meter höchste Seezeichen der Region auf dem Inselchen Greifswalder Oie östlich von Mönchgut. Der **1888** in Betrieb genommene Leuchtturm Dornbusch auf Hiddensee steht auf dem Hochland im Norden der Insel, hat eine Feuerhöhe von mehr als 90 Metern über dem Meeresspiegel und eine Reichweite von 23,5 Seemeilen.

Preußen, das nach dem Wiener Kongress den größten Teil der deutschen Ostseeküste beherrschte, kam der Aufgabe, seinen vorpommerschen Küstenstreifen zeitgemäß zu beleuchten, mit der gewohnten Gründlichkeit nach. Wer sich heute der Ostseeküste von See her nähert, auch den Küsten von Rügen und Hiddensee, sieht sich einer lückenlosen Lichterkette gegenüber.

Leuchttürme sind für den Küstenbesucher die augenfälligsten Navigationshilfen; ein Leuchtfeuer muss aber nicht zwangsläufig auf einem Turm stehen. Es gibt sie zum Beispiel auf Feuerschiffen, auf Seetonnen oder Stahlmasten, abhängig davon, welchen Zweck sie in der Nautik spielen – es kann sich um Seefeuer, Quermarken-, Molen- oder andere Orientierungsfeuer handeln. Sie alle unterscheiden sich in Form, Farbe und Signal.

Was „dem irrenden Schiffer ein leuchtender führender Freund" ist, wie es poetisch der Baumeister des Darßer Feuers formulierte, gilt bei Sommerfrischlern bis heute als gutes Ausflugsziel und Symbol für Meer, Küste, Maritimes und Urlaub. Nicht umsonst tauchen Leuchttürme auf Bierdeckeln, Briefmarken und Kalendern, in Buddelschiffen oder auf Handtüchern auf.

Im 20. Jahrhundert entstanden auf den Inseln Rügen und Hiddensee noch weitere Seezeichen – so das Quermarkenfeuer auf dem Gellen von Hiddensee, das hölzerne und andere Vorläufer ersetzte, außerdem der Turm am Kollicker Ort auf der **Jasmund**, der bei einer Steilküstenwanderung von **Sassnitz** zum **Königsstuhl** am Weg liegt.

Leuchtturmwärter war da aber schon lange kein zukunftsträchtiger Beruf mehr, selbst im vielbeschworenen 100 Jahre hinterher hinkenden Vorpommern leuchtete bald alles automatisch.

In Zeiten funktechnischer Navigationshilfen, in denen der kleinste Fischkutter und die kleinste Jolle ein Gerät für das satellitengesteuerte Global Positioning System (GPS) zur Positionsbestimmung an Bord haben, können Leuchttürme unzeitgemäß wirken. Viele haben inzwischen ihre Aussichtsplattformen für Besucher geöffnet, so auch die Türme auf dem Hiddenseer Dornbusch und am Kap Arkona. Als Schifffahrtszeichen, gerade im küstennahen Bereich, sind sie dennoch nicht zu ersetzen. Skipper orientieren sich an ihnen – und bei Ausfällen der Bordelektronik oder bei Unsicherheiten der Navigation bleiben sie oft die einzigen sicheren Bezugspunkte.

Für den Schinkelturm kam das Aus allerdings bereits vor mehr als hundert Jahren, 1905. Gleich nebenan leuchtet seither Nacht für Nacht das Feuer eines zwölf Meter höheren Turms und ist 22 Seemeilen weit zu sehen. Für den viereckigen Nachbarn hat sich jedoch eine neue, romantische Aufgabe gefunden: Fast 700 Paare haben sich hier bereits neu orientiert und den Hafen der Ehe angesteuert.

Freuen Sie sich auf das nächste Heft | Im Handel ab 28. Juni 2007

Postmoderne und Spätmittelalter vis-à-vis: In der glänzenden Konstruktion des Haas-Hauses von Hans Hollein spiegelt sich der Stephansdom

Juwel des Barocks: Wie eine Burg thront Stift Melk über der Donau

Erbe des Kaiserreiches: Wiens Opernball ist ein Must für die Society

Saft und sanfte Hügel: Bestes Obst hat das Mostviertel reich gemacht

Zuletzt erschienen:

Mai 2007

April 2007

März 2007

Februar 2007

Januar 2007

Dezember 2006

Wien und Niederösterreich

Wieder Zentrum Mitteleuropas, strotzt Wien heute vor neuem Selbstbewusstsein, glänzt mit k. u. k. Flair, großer Kunst und einer atemraubend schönen Umgebung: Das reiche Bundesland Niederösterreich ist die ewige Sommerliebe der Wiener, vielfältig, voller Kultur- und Landschaftsschätze. Ein Land für Entdecker

> Von Sammellust und -wut: die Kunst- und Wunderkammer Rudolfs II.
> Stift Melk und mehr: Höhepunkte des Barocks
> Für Genießer: Marillen, Most und Wein – alles Gute aus Niederösterreich
> Kühne Bauten: mutige Architektur in den Hauptstädten Wien und St. Pölten